Haftungsausschluss:

Alle Inhalte dieses Buches wurden sorgfältig und nach bestem Gewissen recherchiert und zusammengetragen. Der Autor erhebt keinen Anspruch auf Vollständigkeit und übernimmt keine juristische Verantwortung oder Haftung für Schäden, durch eventuelle Fehler oder fehlerhafte Anwendung. Die Benutzung dieses Buches und die Umsetzung der darin enthaltenen Informationen erfolgt ausdrücklich auf eigenes Risiko. Trotz sorgfältigen Lektorats können Rechtschreib- oder Grammatikfehler vorhanden sein. Die in diesem Buch erwähnten Markennamen sind Eigentum der rechtmäßigen Eigentümer.

Realistische Krisenvorbereitung – Sinnvolle und praktikable Krisenvorbereitung in Mitteleuropa und was wir aus vergangenen Krisen lernen können

Von Stefan Meyer

Inhalt

1. Einleitung

Hallo, lieber Leser. Vielen Dank für den Erwerb dieses kleinen Büchleins. Es ist mir eine Ehre, dass sich meine Arbeit auf deinem Speicher befindet. Dies ist kein Scherz, sondern ich meine es ernst.

Mein Name ist Stefan Meyer, ich bin Baujahr 1983 und ich befasse mich seit ca. 10 Jahren mit dem Thema Krisenvorbereitung. Seit 16 Jahren betreibe ich Kampfsport und suche „das“ Selbstverteidigungssystem. Seit meiner Kindheit beschäftige ich mich mit dem Thema Outdoor-Survival. Was den Teil mit der Krisenvorsorge angeht, habe ich auch so ziemlich jede Phase durch, die ich bei anderen „neuen“ Preppern so gesehen habe. Es geht los mit völliger Ratlosigkeit, überwältigt sein durch die ganze Informationsflut, wildes und unüberlegtes Zusammenkaufen von Dingen, die ja nützlich sein könnten, ständige „Verbesserung“ meiner Ausrüstungsordnung, Rumexperimentieren mit Kleingarten, Pflanzen auf Balkon, Waffen, essbaren Pflanzen, essbaren Insekten, Bastelleien, heimliches Übernachten in Wäldern, Feuer machen und so weiter. Und ständig war ich auf der Suche nach dem ultimativen Vorsorgekonzept. Heute weiß ich; das gibt es nicht. Jeder muss selber wissen, was er für ihn richtig ist. Heute betreibe ich Krisen**vorbereitung** und keine Krisen**vorsorge**. Der Unterschied ist für mich der, dass wenn morgen die Versorgung mit Gütern zusammenbricht, bin ich vorbereitet und mache mir keine Sorgen. Wenn ich dieses Buch vor 10 Jahren gelesen hätte, wäre ich wesentlich entspannter mit dem Thema umgegangen und hätte auch weniger Geld für irgendwelchen Quatsch ausgegeben.

Ich habe beschlossen, dass ich den Leser in diesem Buch duzen werde. Dies geschieht nicht aus Respektlosigkeit. Das Gegenteil ist der Fall. Da du dieses Buch liest, haben wir in vielen Punkten bestimmt die gleichen Ansichten. Deswegen verzichte ich auf das distanzierende „Sie“ und spare mir eine gekünstelt formelle Sprache. Damit haben wir im Alltag schon viel zu oft zu tun. Ich schreibe so, wie ich spreche.

Seit dem der Mensch sesshaft geworden ist und er die Möglichkeit hat Dinge zu bevorraten, tat er dies auch. Es war schon immer eine selbstverständlich Sache, dass auf gute Zeiten auch schlechte kommen. Dieses Jahr war die Ernte gut, nächstes Jahr wird sie vielleicht besser oder schlechter. Unser heutiges Denken ist jedoch anders. Die meisten Menschen, die in unserem Wohlstandssystem leben, haben sich an ein fragiles Just-In-Time-Konstrukt angepasst. Sie haben die Verantwortung über ihr eigenes Wohlergehen und das derer, für die sie verantwortlich sind, abgegeben. Verantwortung ist anstrengend und beinhaltet mögliches Versagen und daraus resultierende Konsequenzen. Wenn man ein Schild aus Ignoranz um sich errichtet, die Verantwortung an einen Staat, eine „herrschende Klasse“, ein Sozialsystem oder Wirtschaftssystem abgibt, kann man sich in eine Komfortzone verkriechen. Es ist bei uns ja seit Generationen nicht schlimmes passiert.

Seit einigen Jahren gibt es eine neue Bewegung, deren Mitglieder sich PREPPER nennen. Es sind Menschen, die sich Gedanken darüber machen ob in ihrer Zukunft nicht doch ein Krisenereignis eintreten könnte. Es gibt nicht DIE Krise. Jeder hat etwas anderes im Sinn und stellt sich etwas anderes vor, was ihm zustoßen könnte. Einige leben in Gebieten, die oft von Erdbeben, Winden, Überschwemmungen usw. betroffen sind.

Andere bereiten sich auf wirtschaftliche und damit gesellschaftliche Zusammenbrüche vor. Andere „preppen“ für Meteoriteneinschläge, Pandemien, Atomkriege, Vulkanausbrüche, Zombies (ja, es gibt wirklich Menschen, die sich das Ende der Welt als Zombieapokalypse vorstellen) usw. Andere haben gar keine konkrete Idee worauf sie sich „vorbereiten“. Sie wollen einfach nur vorbereitet sein, wenn etwas passiert. Ich möchte nichts davon kritisieren aber ich halte einige Szenarien für realistischer als andere. Ein Stromausfall mit all seinen Folgen ist für mich sehr real. Ein „explodierendes“ Atomkraftwerk ist für mich ebenfalls sehr real. Ein wirtschaftlicher Zusammenbruch mit Hyperinflation ist für mich ebenfalls sehr real. Es sind alles Dinge, die schon anderen passiert sind und unsere Pflicht ist es daraus zu lernen. Und weil ich der Meinung bin, dass wir in einer Krise immer von anderen Menschen und „Zivilisation“ umgeben sein werden (es gibt Teile auf der Welt, da ist es anders...aber wir leben in Mitteleuropa), betreibe ich keine Outdoor-Krisenvorsorge und werde in diesem Buch auch kaum darauf eingehen. Es ist nicht verkehrt zu wissen, wie man ein paar Nächte im Freien verbringt und welche Pflanzen essbar sind und welche nicht. Jedoch sollte diese Ausbildung nicht zu deinem Hauptpunkt werden. In den USA (wo der Prepper-Trend herkommt) zum Beispiel mag es in einigen Gegenden wichtig sein zu wissen wie man Feuer „bohrt“ und einen Unterschlupf baut. In dichter besiedelten Gegenden wirst du jedoch immer jemanden haben, der ein Feuerzeug parat hat und einen Unterschlupf wirst du auch nicht bauen müssen, da wir überall „Zugang“ in „öffentliche“ Gebäude haben. Das heißgeliebte Thema nennt sich Bug-Out. Wenn etwas Schlimmes passiert, wird der vorgepackte Bug-Out-Bag (Fluchtrucksack) geschnappt und der

Prepper verschwindet in die Natur um dort die Katastrophe auszusitzen. Die Ausrüstung besteht oft aus Hightech-Spielereien, die wirklich cool sind. Bei den meisten Preppern weltweit entwickelt sich das Ganze zu einem Hobby. Man stellt sich einen Bug-Out-Bag zusammen und verbessert den. Dann wird es oft gezeigt, kommentiert und verbessert. Dabei werden diese Rucksäcke immer schwerer. Eines der schwersten Exemplare wurde von einem bekannteren deutschen Survivalexperten kreiert und wiegt an die 60 kg. Mit der Aussage man müsse das Tragen halt einfach mal öfter üben. Ich selber bin eher dafür, dass deine Vorbereitungen sich möglichst wenig auf deinen Alltag auswirken sollten. Sich jede Woche aus Übungszwecken mit einem riesigen Rucksack auf einen Gewaltmarsch aufzumachen und dann tagelang Fußschmerzen zu haben (was auf lange Sicht mit deinen Gelenken passiert, ist ein weiterer Punkt), ist für mich das Gegenteil davon. Es ist für viele ein interessantes Hobby und (nicht überraschend) eine Männerdomäne. Kaum erwähnenswert ist, dass sich in Mitteleuropa nicht ansatzweise genug Natur befindet, um dort zu leben und unterzukommen. Ich bin mir bewusst, dass es viele Prepperromantiker anders sehen und dieses Buch schlecht bewerten werden. Das ist ok. Interessanter ist für mich eher, dass ich hiermit eine Möglichkeit habe das, was ich in den Letzten Jahren recherchiert habe, an andere weiterzugeben. Das tue ich in der Hoffnung, dass ich damit jemandem helfen kann. Wenn es mal jemandem in irgendeiner Situation weiterhelfen kann, habe ich genau das erreicht, was ich mit jedem einzelnen geschriebenen Wort erreichen möchte.

Das wichtigste und sinnvollste, was wir machen können, ist aus der Vergangenheit zu lernen und die Augen offen zu halten.

Was passierte mit den Menschen in der Ukraine, was passierte mit dem einzelnen Normalobürger in Griechenland, was in anderen Staaten, denen es dreckiger geht als uns heute. Naturkatastrophen in aller Welt. Woraus wir am meisten lernen können, ist der Zusammenbruch des Finanzsystems 2001/2002 in Argentinien. Wir können sehen, was passiert ist, was uns passieren könnte und wie wir uns darauf optimal vorbereiten können.

2. Allgemeines

Es gibt in der Prepperszene ein Konzept, das sich „Gray Man“ nennt. Es bedeutet einfach gesagt nicht aufzufallen. Es wird meistens im Zusammenhang benutzt die richtige Kleidung zu tragen. Wenn du z.B. in einer verwahrlosten Gegend unterwegs bist, in der die Armut der Menschen offensichtlich ist, solltest du nicht mit Klamotten oder Schmuck herumlaufen, die zeigen, dass du ein lohnenswertes Ziel sein könntest. Es ist nicht nur das Tragen von etwas und das optische Vorzeigen, dass du etwas hast. Das Gray Man-Konzept beinhaltet das komplette gesichtslose Untertauchen in der Masse. Besonders wenn sich die Gesamtsituation verschlechtert, ist es sehr wichtig nicht aufzufallen. Du musst dich verhalten wie jeder andere auch. Wenn die Menschen um dich herum nichts mehr zu essen haben, du aber den Schrank voll mit Nudeln hast, zeige trotzdem Hunger! Wenn die Menschen um dich herum reihenweise ihre Arbeit verlieren und kein Geld mehr haben, du aber einiges zusammengespart hast, zeige trotzdem Armut! DU WIRST SONST ZUM ZIEL! Möglicherweise wirst du erst freundlich gefragt, dann weniger freundlich und im schlimmsten Fall dann mit Gewalt genötigt zu teilen. Das bedeutet auch, dass wenn du Vorräte anlegst, du mit keinem darüber sprichst, der es nicht wissen muss. Sei ein weiterer Mensch, der unvorbereitet durchs Leben läuft und bei dem es nichts zu holen gibt, wenn die Zeiten schlechter werden.

Ein weiteres gutes Beispiel für Gray Man ist es ein unauffälliges Auto zu fahren; wenn du z.B. einen gelben Sportwagen fährst, ist es das Gegenteil davon. Ab einem gewissen Grad an Chaos und Unruhe in einem Land, entstehen fast automatisch Checkpoints. Oft wechseln die „Betreiber" dieser Checkpoints und die, die diese Punkte passieren wollen, wissen vorher oft nicht einmal, wessen Checkpoint sie gleich passieren werden. Regierung, Rebellen, Banden. Alle wollen ihren Vorteil, ob es Bestechung ist, die Kontrolle über ein Gebiet oder sonst was. Es ist in jedem Fall besser, wenn du nicht auffällst. Statistisch werden auffällige Autos öfter von der Polizei heraus gewunken. Und wer weiß ob wir nicht mal Zustände haben werden, in denen wir den Beamten ein Trinkgeld geben müssen, um weiterfahren zu können. Schließlich hat er bestimmt auch eine Familie zu versorgen und muss über die Runden kommen.

Oder du entkommst mit deinem Auto aus einer unangenehmen Situation. Wenn du Glück hast, wird dann nach einem dunklen Ford Fiesta gesucht und nicht nach einem Polo mit grünen Türen, roten Dach und gelber Motorhaube. Sowas fährt wirklich durch unsere Straßen und ist schnell auszumachen.

Um es nochmal deutlich zu machen; wenn alles so funktioniert, wie es in einem zivilisierten Staat funktionieren soll, dann kannst du herumlaufen und dich benehmen wie du willst. Solange du keinem zur Last wirst, kannst du in jeder Form ein schräger Vogel sein. Sollten wir mal in diktatorischen Bedingungen leben (und sage nicht, es wird nie passieren), sollte eine wütende Masse plündernd durch die Straße ziehen oder du befindest dich in einem Supermarkt, der gerade überfallen wird - ist Auffallen in jeder Form unpassend.

3. Was und wie viel?

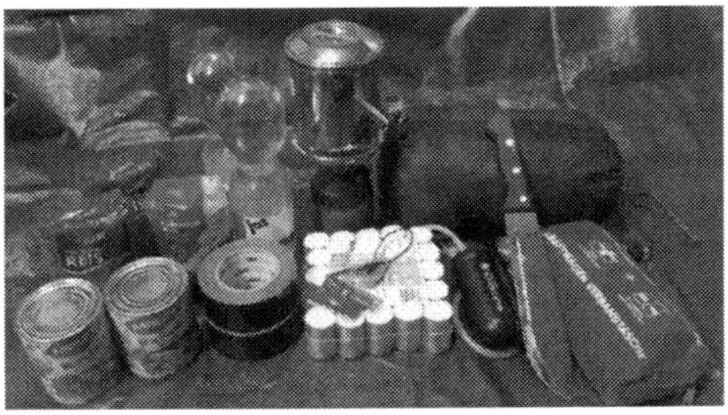

In diesem Kapitel soll es darum gehen, wie viel du horten solltest. Dass du einiges an Sachen einlagern solltest, versteht sich von selbst. Finanzcrash, Erdbeben, Unruhen, Krieg, Terror, Unfälle, Überschwemmung – egal was passieren könnte, es ist grundsätzlich besser für einige Zeit in der Lage zu sein autark zu leben. Damit kann man das Problem entweder aussitzen oder man hat einen besseren Start in die sich zum Negativen verändernde Welt. Vieles kommt unerwartet, einiges lässt sich jedoch vorausahnen, wenn man mit offenen Augen durch die Welt geht.

Was ich mir in den letzten Jahren ausgedacht und von anderen abgeschaut habe ist folgendes:

1. Ein Wasservorrat für ca. 4 Wochen. Ich empfehle im Winter ca. 2-3 Liter pro Tag pro Person. Im Sommer eher 4-5 Liter. Am einfachsten ist es, wenn du PET-Flaschen einlagerst. Diese passen in die kleinsten Winkel, im Sechserpack sind sie bequem zu transportieren und man kann sie regelmäßig aufbrauchen und durch neues ersetzen. Wenn du ein Haus hast, kannst du natürlich auch große Kanister aufstellen und diese mit Wasser füllen. Anschließend

müsstest du es mit Konservierungsmittel haltbar machen. Du willst es doch schließlich nicht alle paar Monate austauschen. Damit kann man auch einfach größere Vorräte einlagern.

2. Für den gleichen Zeitraum wir für Wasser habe ich Nahrung eingelagert, die man direkt ohne Kochen verzehren kann. Wichtig ist, dass die Nahrung nicht in irgendeiner Form kühlpflichtig ist. Was auch wichtig ist, ist dass du diese Nahrung magst und oft isst. In einer Krise wirst du schon durch einiges gestresst werden, da muss es nicht noch dazu kommen, dass du Wochenlang Sachen essen musst, die dich anwidern. Stell dir vor du musst auf einmal dringend 1000 Euro für irgendwas bezahlen und musst noch 2 Wochen mit wenigen Euro klarkommen. Um Essen müsstest du dir keine Sorgen mehr machen. Außerdem kannst du deinen Vorrat im Alltag aufessen und das gegessene einfach nachkaufen, sodass nichts abläuft und du über einen längeren Zeitraum wechseln kannst (z.B. die andere Konfitüresorte, weil du dich an der ersten sattgegessen hast). Dosenbrot, Aufstriche nach Wahl, Baked Beans, Würstchen, und eine enorm große Auswahl an Dosen-Fertiggerichten. Vielleicht entwickelt sich ja bei dir ja das gleiche Problem wie bei mir; ich esse fast nur frische Lebensmittel - Gemüse, Fleisch, Fisch und Burgerking. Das Problem dabei ist, dass ich einfach nichts davon stromlos lagern kann. Also habe ich vor ein paar Jahren angefangen Konserven zu kaufen. Ravioli, Nudelgerichte usw. in der Dose. Diese großen 800g-Dosen. Das Problem, das sich dabei herauskristallisierte, war dass

ich das Zeug nicht lecker genug finde um es in solchen Mengen (800g) zu essen, sodass ich Anfang 2016 abgelaufene Dosen mit MHD 2014 gefunden habe. Als Lösung habe ich 2 Möglichkeiten gefunden. Erstens: ich kaufe kleinere Dosen – ich habe mit dem MHD etwas herumgerechnet und es stellte sich heraus, dass wenn ich eine kleine Dose pro Woche esse und diese wieder auffülle, läuft mir nichts ab und ich mache keinen Verlust. Zweitens: Ich könnte diese Konserven an die Tafeln abgeben. Wenn du sagst, du hast keine Lust die Tafeln zu suchen und da hinzufahren, nimm die Dosen beim nächsten Einkauf mit und gib sie im Supermarkt ab. Die meisten Lebensmitteleinzelhändler geben täglich nicht verkäufliche Lebensmittel an die Tafeln ab.
Der Punkt, dass man Lebensmittel einlagern sollte, die man gerne isst, widerspricht zwar meiner Konserven-Lagerungs-Praxis, aber mir (und bestimmt vielen anderen auch) bleibt nichts anderes übrig, wenn man für Wochen Nahrung einlagern möchte. In der Not wird man es bestimmt gerne essen.
Du darfst natürlich auch nicht deine Tiere Vergessen. Solltest du eine Katze, einen Hund usw. haben, solltest du doppelt so viel für das geliebte Tier einlagern. Wenn du für dich 2 Wochen hast – das Tier bekommt Nahrung für 4. Wenn du 4 Wochen für dich anlegst, bekommt das Tier 8 Wochen. Das hat einfach den Hintergrund, dass sollten die Supermärkte irgendwann kurzzeitig leer stehen, wird von Behörden, Industrie und Logistik alles unternommen um die Menschen satt zu kriegen. Die Tierwelt ist für diese Leute erst mal zweitrangig und es

könnte länger dauern bis Tiernahrung wieder verfügbar ist.

3. Nun wird es komplizierter. Du brauchst einen Langzeit-Essensvorrat. Damit meine ich für vier bis sechs Monate! Das war für mich persönlich das schwierigste am Thema Prepping.
„Essen horten? - Ok! Aber für vier bis sechs Monate? Das ist doch viel zu teuer. Und das wird mir die ganze Zeit ablaufen. Und wo soll ich das ganze unterbringen?!" Dachte ich vor ein paar Jahren. Ich dachte an Fleischkonserven, Fertiggerichte, Fischkonserven, Dauerbrot usw.
Wofür braucht man jedoch einen so großen Vorrat an Lebensmitteln und in welcher Form?
Sollten irgendwelche „kleinen" Ereignisse auftreten, kann man sich theoretisch in seinen vier Wänden verbarrikadieren und die ganze Sache an sich vorbeiziehen lassen. Man bräuchte keinen Strom und man bräuchte kein fließendes Wasser. Egal ob 40 cm Neuschnee, OPEC-Staaten-Streik oder Terrorangriff/-drohung, wir essen, schlafen, hören Nachrichten und versuchen dabei möglichst entspannt zu bleiben. Sollte es jedoch zu einem „größeren" Problem kommen, könnte der 4-Wochen-Vorrat zu wenig sein. Fakt ist jedoch, dass egal wie eng die Lage war, die Menschen fast immer an Nahrung gekommen sind. Egal ob während eines Krieges oder nach einem Krieg, irgendwas aßen die Leute. Sie hungerten, so wie es viele Menschen in vielen Staaten heute leider noch tun. Aber langfristig wurde was Essbares gefunden. Kaum einer

wurde satt, aber etwas war fast immer da. Deswegen bin ich der Meinung, dass wir für unseren Langzeit-Nahrungsmittelvorrat hauptsächlich Lebensmittel brauchen, die eine „streckende" Funktion haben. Es soll also das Bisschen, was da ist ergänzen, in Kalorien, Kohlenhydraten, Eiweiß und Fett. Zur Not soll der Langzeit-Notvorrat die komplette Mahlzeit stellen.
Selbst in Argentinien, einem Staat, dem es bis 2000 richtig gut ging, verhungerten Menschen während der Wirtschaftskrise, weil sie es sich nicht leisten konnten etwas zu kaufen. Dieselben Menschen, die Jahre zuvor mehrmals im Jahr als Touristen ins Ausland geflogen sind.
Dies als Motivation habe ich Folgendes für mich zusammengestellt:
Als Basis benötigst du Kohlenhydrate. Reis und Nudeln bieten sich am besten an. Sie sind extrem billig, kompakt und halten sehr lange. Weißer Reis hat z.B. 350 Kalorien/100g. Weißer Reis, weil er länger hält. Rechnet man also 500g Reis am Tag pro Person, kommt man auf 1750 Kalorien. Diese Portion kostet zur Zeit 43 Cent. Dazu kommt eine Dose Thunfisch in Öl pro Tag. Dies soll Eiweiß und etwas Fett liefern und kostet ca. einen Euro. Dazu kommt noch etwas Olivenöl für weiteres Fett. Eine Flasche Öl kostet zur Zeit 3,19. Wenn man 2 Flaschen im Monat rechnet, kommt man auf 22 Cent am Tag. Wenn man noch eine Packung Salz hinzugibt, kostet es 19 Cent mehr im Monat. Wenn man das addiert, kostet ein Tag 1,67 €. Das wären 50 € für einen Monat Nahrung bei über 2000 Kalorien am Tag. Das kann man nicht toppen. Ähnlich sieht die Rechnung

mit Nudeln aus. Ich kann dir dazu noch versichern, dass der gesamte Monat in einen Bananenkarton hineinpasst. Also 15 kg Reis, 30 Dosen Thunfisch in Öl, 2 Glasflaschen Olivenöl und eine Packung Salz. Und wenn man bedenkt, dass man dies vielleicht nur zum Strecken benutzt, kann ein solcher Karton für mehr als einen Monat reichen. Ich empfehle dir vier bis sechs solcher Kartons zusammenzustellen. Es ist etwas Arbeit am Anfang, aber wenn man sie komplett hat, hat man für Jahre Ruhe. Du kannst natürlich versuchen so viel davon aufzubrauchen und durch neues zu ersetzen, sodass dir möglichst wenig abläuft. Iss doch öfter mal einen Thunfischsalat.

Es gibt natürlich viele andere Möglichkeiten einen Langzeit-Nahrungsmittelvorrat zusammenzustellen. Es gibt z.B. fertige Tagesrationen wie BP5. Jedoch kostet eine Tagesration je nach Sorte und Anbieter ca. 10 €. Und man ist damit sehr unflexibel, was die Zubereitung von Mahlzeiten mit anderen Zutaten betrifft. Es ist meistens nur ein trockener Klotz, der so schmeckt wie er aussieht. Man kann ihn so essen wie er ist oder Brei daraus machen. Aber Reis ist mit wenigen anderen Zutaten wesentlich flexibler und man muss nicht über Wochen und Monate den gleichen Geschmack im Mund haben.

4. Du wirst in einer Krise, ob Langzeit der Kurzzeit, weitere Gegenstände benötigen. Die meisten davon kosten heute nur Cents und könnten dir in Problemsituationen viel abnehmen:

- Toilettenpapier: Wenn die Supermärkte geschlossen oder geplündert wären, wäre es einer der Artikel, die ich als erstes vermissen würde. Es ist verwendbar als Toilettenpapier, Taschentücher, Servietten und vieles mehr. Hygiene ist in Krisenzeiten ohnehin extrem wichtig.
- Ein kleiner Spirituskocher und einige Flaschen Spiritus: Der Kocher ist sehr günstig und kann auch selber kostenlos gebastelt werden. Spiritus ist vielfältig einsetzbar. Wahlweise kannst du auch einen Gaskocher verwenden. Vergiss nicht Gas in kompatiblen Behältern einzulagern. Jedoch sind Spirituskocher wesentlich kompakter, flexibler und billiger.
- Einen kleinen Outdoor-Topf: Wenn du etwas Warmes essen möchtest, aber gerade keinen Strom zur Verfügung hast, nutzt du den Spirituskocher. Mit einem kleinen 1 -2 Liter-Outdoor-Topf geht das am besten.
- Chlor: Hygiene ist heute sehr wichtig und in Krisenzeiten noch viel wichtiger. Chlor ist auch multifunktional einsetzbar. Desinfizieren, bleichen, Wasser aufbereiten usw. Du solltest darauf achten, dass du es alle 3 Jahre austauschst und bei den Inhaltsstoffen nur Natriumhypochlorit angegeben ist.
- Seife: Ist eigentlich selbsterklärend. Chlor für Flächen, Seife für den Körper.
- Ein kleines Radio: Eines der wichtigsten und zuverlässigsten Kommunikationsmittel war, ist und bleibt das Radio. Das Radio sollte verschieden

Stromquellen nutzen können. D.h. es sollte im Optimalfall eine Kurbel, Solarzellen, USB-Anschluss und Batterien nutzen können.

- Teelichter: Lege dir einige 100er Packs Teelichter bei Seite. Diese sind auch multifunktional einsetzbar.
- Batterien: In der Prepperszene sagt man, man bräuchte 10 Batterien für jeden Steckplatz. D.h. wenn du eine Lampe hast, die 2 Batterien braucht, ein Radio mit 2 Batterien und ein anderes Gerät mit 3 Batterien, solltest du 70 Batterien einlagern. Dabei solltest du darauf achten, dass du möglichst Geräte nutzt, die nur die gängigsten Batterien benötigen. Das wären AA- bzw. AAA-Batterien. Du brauchst nicht für jeden Gegenstand 10 Batterien pro Steckplatz. Nur bei den wirklich wichtigen Geräten.
- Eimer: Du solltest 3-4 Eimer besitzen. Am besten 10 Liter robuste Metalleimer, die nicht beim ersten Sturz kaputt gehen. Mit Deckel. Diese sind multifunktional einsetzbar. Einige Einsatzmöglichkeiten werde ich später im Buch erwähnen.
- Müllbeutel: Ideal sind ein paar Rollen in Größe 20 oder 25 Liter. Diese sind heute Cent-Ware, können aber für sehr vieles eingesetzt werden. Einige Anwendungen werde ich später nennen.
- Werkzeug: Es ist nicht nötig einen kompletten Werkzeugraum einzurichten. Einige einfache, robuste Grundwerkzeuge sollten sich jedoch im Haushalt befinden. Ich empfehle jedoch nicht, dass

du gleich losziehst und dir sofort einen Werkzeugkasten bei Aldi aus dem Nonfood kaufst, weil dieser gerade für 40 € im Angebot ist. Dies ist meistens ziemlicher Schrott. Auch finde ich es ziemlich unsinnig, dass sich jemand, der kein Hobbybastler ist, sich sehr teures Werkzeug kauft, um etwas Gutes zu haben. Das wäre Geldverschwendung. Was ich empfehle, ist einfach ab und zu mal in einen NATO-Shop, Bundeswehr-Shop usw. zu fahren und dort mal schauen, was es an gebrauchten Werkzeugen gibt. Ich mache mich selber darüber lustig, dass auf einigen meiner Werkzeuge „MADE IN WEST GERMANY“ steht. Aber wenn der Stahl Jahrzehnte gehalten hat und die Zange noch immer voll ihren Dienst tut, wird sie noch weitere Jahrzehnte weiterarbeiten. Diese Werkzeuge sind stabiler als das meiste, was heute möglichst billig hergestellt wird, und kostet oft unter einem Euro. Damit kann man sich für über die Zeit für 20 bis 30 Euro ein schönes Werkzeugsortiment zusammenstellen.

- „Panzertape“: Du solltest zwei, drei Rollen im Haushalt haben. Es ist eines der universellsten Reparaturmittel. Einige Beispiele für die Anwendung werde ich später im Buch nennen.
- Malerfolie: Diese billige, dünne Folie, die man für einen Euro überall bekommt.
- Müllsäcke: Damit meine ich die großen 250 Liter oder mehr Containersäcke (Schwarz und durchsichtig). Du solltest ein paar Rollen einlagern. Wie fast alles, was ich hier aufzähle, sind diese sehr

vielfältig einsetzbar; zerbrochene Fensterscheiben können provisorisch geflickt werden, man kann sie als provisorischen Regenschutz benutzen (egal ob unterwegs oder aufgeschnitten als aufgespanntes Regendach), man kann sie großflächig zum Sammeln von Regenwasser benutzen, man kann ein Loch graben und es mit der Folie auslegen, sodass man eine Art Waschbecken bekommt. Vieles, vieles mehr ist mit diesen großen, billigen, leichten Müllsäcken möglich. Einige andere Anwendungen werde ich später noch nennen.

- Wasserfilter: Ein Wasserfilter ist einer der wichtigeren Gegenstände, die du im Zusammenhang mit dem Thema Krisenvorsorge einlagern solltest. Es gibt viele verschiedene Modelle auf dem Markt. Mit Pumpe, ohne Pumpe, verschiedene Porengrößen, Aktivkohle-Stufen, verschiedene Größen, Aufmachungen und vor allem Preise. Ein Wasserfilter ist das letzte woran du geizen solltest; es werden z.B. bei EBay welche sehr günstig angeboten, bei denen du jedoch nie wirklich weißt, ob es nicht eine Kopie ist. Wenn dein Messer abbricht, ist es doof, wenn dein Schlafsack nicht gut isoliert, ist es doof, wenn dein Wasserfilter nicht 100% aller gefährlichen Mikroorganismen herausfiltert, ist es **lebensgefährlich**. Das bedeutet jedoch bei weitem nicht, dass großer Preis gleich große Leistung ist.

  Die Zeiten, in denen Tracking-Filter große, teure, zerbrechliche Gegenstände waren, sind vorbei. Die Geräte werden zum Glück immer kleiner, billiger

und wesentlich leistungsfähiger. Der Filter, der sich in jeder Hinsicht als sinnvoll herauskristallisiert hat, ist der „Sawyer MINI". Das ist ein erstaunliches kleines Stück Plastik, das in eine Hand passt. Kaum einer wird widersprechen, wenn ich sage, dass dies für Prepper der sinnvollste Wasserfilter ist, der auf dem Markt ist. Er kostet zurzeit ca. 30 Euro, hat eine Porengröße von 0,1 Mikron (kleiner als fast alle anderen Filter auf dem Markt - Viren werden jedoch nicht herausgefiltert), ist für das Filtern von 100.000en Litern Wasser konzipiert und ist extrem vielseitig einsetzbar. Wenn du komplett auf Nummer Sicher gehen willst und 200€ übrig hast, empfehle ich den „Point Zero Two" von Sawyer. Dieses Meisterwerk filtert mit seinen 0,02 Mikron feinen Poren alles an Mikroorganismen heraus.
Wichtig ist, dass du den Filter nach Benutzung keinen Gefriertemperaturen aussetzen solltest, da sonst seine Membranen durch gefrierendes Wasser geschädigt werden.

- Feuerzeuge: Der Sinn ist selbsterklärend. Kaufe dir haufenweise Feuerzeuge und lege sie überall hin. Die sind Feuerquelle, Lichtquelle, Flaschenöffner und bestimmt vieles mehr. Wenn du sparsam sein möchtest, kannst du ja auf Werbegeschenke zurückgreifen. Frage z.B. einfach im Getränkemarkt ob der Verkäufer nicht noch welche herumliegen hat. Viele „Survival-Experten" empfehlen den „Feuerstahl/Zündstahl" wegen ihrer Zuverlässigkeit. Den kannst du dir ja auch zulegen, wenn du möchtest, jedoch ersetzt er das gute alte Feuerzeig in seiner Multifunktionalität und Einfachheit in der Bedienung nicht.

- Feuerlöscher: Du solltest mindestens einen Feuerlöscher im Hause haben, mit denen du kleinere Entstehungsbrände frühzeitig löschen könntest. Welche Größe und Art dir zusagt, musst du selber entscheiden. Du solltest dir nur einen zulegen, der in Deutschland nach DIN EN 3 zugelassen ist. Es wird grob unterschieden zwischen Pulverlöscher und Schaumfeuerlöscher. Dem Pulverfeuerlöscher wird oft vorgeworfen, dass er beim Einsatz überall Pulver hinterlässt. Mit überall ist wirklich JEDE kleinste Ritze gemeint. Ich habe mich trotzdem für einen kleinen ABC-Pulverlöscher entschieden, da ich sage, dass es mir egal sein wird, wenn ich es schaffe einen möglichen Wohnungsbrand zu verhindern. Wie oft passiert denn sowas?
- Medizin-Kit: Was du in einem Medizin-Kit haben könntest, werde ich in einem separaten Kapitel benennen.

Natürlich erscheint das ganze hier echt viel und ich könnte noch viele weitere Punkte hinzufügen. Jedoch sind dies meiner Meinung nach die absolut wichtigsten Dinge. Wenn du diese parat hast, bist du auf die schlimmsten Szenarien vorbereitet. Ich werde weiter unten noch ein paar andere Sachen nennen, die du dir zulegen könntest, wenn du sie noch nicht hast. Jedoch solltest du wissen, dass es wesentlich wichtiger ist, was du weißt und kannst, als was du hast. Je mehr du weißt, desto weniger brauchst du.

Wichtig für mich ist auch zu sagen, dass du nicht die Hände über dem Kopf zusammenschlagen solltest: „Was soll das alles kosten und wo soll ich das bloß herkriegen?“ Setze dich selber nicht unter Druck und entspanne dich. Du hast alle Zeit der Welt dir dein universelles Notfall-Sammelsurium zusammenzustellen. Gehe auf den ein oder anderen Flohmarkt, fahre mal in einen Bundeswehr-Shop und schaue, was du eh zuhause rumfliegen hast. Man kann sich die Sachen sehr günstig über die Zeit zusammensuchen und muss keine Unsummen ausgeben. Die Meisten Gegenstände kosten wirklich nur Cents und wenn du beim Einkaufen eine Packung Batterien für 99 Cent mit einpackst und zwei Kilogramm Reis mehr mitnimmst, wird es kaum ins Gewicht fallen.
Es gibt noch viele coole andere Gegenstände, die oft von Preppern gekauft und gesammelt werden. Es gibt Multitools, Armbrüste, MREs (Fertignahrung aus dem militärischen Bereich) und vieles mehr. Es steckt eine Industrie dahinter, die immer weiter wächst und den Menschen erklärt, dass er sich von seinen Zukunftssorgen freikaufen kann. Andererseits gibt es auch viele Hobby-Prepper, für die es einfach ein Zeitvertreib darstellt. Es ist ein schönes Hobby, man sammelt technisches Spielzeug und lenkt sich damit von seinem Alltag ab. Ich bin kein Fan von sowas. Weder von dem einen noch von dem anderen. Ich empfehle die ganze Thematik so funktional wie möglich zu betrachten. Lege dir einen Vorrat an (so viel, wie du meinst, dass nötig sein sollte) und lebe entspannt dein Leben und konzentriere dich zeitlich, finanziell und gedanklich auf die schönen Seiten des Lebens.

4. Bug Out

Mit Bug Out ist im Prinzip gemeint, dass man sein Heim verlässt. Man flieht. Es sollte die allerletzte Option sein. Wenn dein Haus in Flammen steht, wenn ein Atomkraftwerk in der Nähe hochgeht, wenn in der Nähe Kampfmittel aus dem Zweiten Weltkrieg entschärft werden usw. Es gibt viele Gründe, wegen denen man sein ansonsten sicheres Heim verlassen sollte. Manchmal muss dies auch innerhalb von Minuten geschehen. Dafür sollte man einige Sachen vorgepackt und griffbereit haben. Wenn du an Krisenvorsorge interessiert bist, kennst du bestimmt den Begriff Bug Out-Bag bzw. Fluchtrucksack. Foren und Videoportale im Internet sind voll von Leuten, die Rucksäcke und deren Inhalt demonstrieren und diskutieren. Du solltest jedoch nicht den Fehler machen und denen nacheifern, die sich im Fall einer Katastrophe in die Wildnis zurückziehen und die ganze Sache aussitzen wollen. Das funktioniert in anderen Teilen der Welt, wo es Wüsten und Wälder gibt. Hinzu kommt, dass du in der Lage sein müsstest von der Natur zu leben. Im Sommer wie im Winter. Da reicht es nicht zu wissen wie man einen Unterschlupf baut und ein Feuer macht. Man müsste jahrelange Praxis im Fallenstellen, Zubereitung von Wild, Pflanzenkunde, Fährtenlesen und diesem ganzen Zeug haben. Und wehe du wirst dabei mal krank oder verletzt dich.

Realistischer ist, dass du irgendwo unterkommst – bei Freunden oder Verwandten zum Beispiel. Zur Not in ein Hotel oder ein

behördlich organisiertes Camp. Was man zu 100% nie ausschließen kann, ist dass man tatsächlich mal eine Nacht ohne Obdach oder im Auto verbringen muss. Das solltest du im Kopf haben, wenn du dir deinen Fluchtrucksack zusammenstellst.
Zu aller erst denke jetzt darüber nach wo du hin könntest, wenn etwas passiert. Was könnte passieren? Welche Auswirkungen könnte es haben? Welche Reichweite hätten diese Auswirkungen? 10 km? 20km? 100km? Oder musst du das Land bzw. den Kontinenten verlassen? Wo könntest du hin? Hast du Freunde in einer Stadt außerhalb eines möglichen Katastrophen-Wirkungsradius? Kannst du bei ihnen eventuell eine Kiste mit Vorräten (Papiere, Geld, Kleidung, Nahrung) hinterlassen? Wohnst du in Norddeutschland und hast einen Onkel in Bayern? Dein Rauchmelder geht nachts an, du schnappst dir panisch deinen Fluchtrucksack, deine Freundin und deinen Hund und verlässt das Haus. Nun stehst du in Unterhosen auf der Straße. Die einfachste Lösung ist es das Handy zu nehmen (das du im Fluchtrucksack hast) und ein paar Leute in deiner Nähe aus dem Schlaf zu klingeln. Wer wird denn einen Freund/Bekannten/Kollegen so sitzen lassen und nicht abholen nachdem sein Haus abgebrannt ist?! Ein extremes anderes Beispiel wäre ein Bürgerkrieg. Du willst nichts damit zu tun haben und nur in Ruhe leben. Diese Situation entsteht jedoch nicht über Nacht. Sie kündigt sich lange vorher an. Und wenn du nicht blind und total naiv bist, kannst du dir lange darüber Gedanken machen und Vorbereitungen treffen das Land zu verlassen, wenn du die Situation als unerträglich empfindest. Womöglich bist du nicht der einzige und es gibt bereits Flüchtlingsströme aus dem Land. Welche Sprachen sprichst du? Empfehlenswert wäre auf jeden Fall Englisch – damit kannst du dich überall auf der Welt verständigen.

Vielleicht hast du dir auch vorher Bücher über Kultur, Gesetze, einfache Vokabeln usw. über das Zielland besorgt. Wenn du für unbestimmte Zeit als Flüchtling in ein Land kommst und dich integrieren willst, ist die Sprache das aller wichtigste. Überlege dir heute einen Staat, in den du flüchten könntest und lerne Grundlagen der Sprache, die dort gesprochen wird. Welcher Staat es sein könnte, ist dir überlassen. Wenn du Bedenken wegen eines Bürgerkrieges hast, könnte es ein Nachbarland sein. Wenn du sagst der Dritte Weltkrieg könnte ausbrechen, müsste es weiter weg sein. Südamerika vielleicht. Länder zwischen den beiden ehemaligen Machtblöcken Osten und Westen sind eher zu meiden, da sie auf Grund ihrer geographischen Lage automatisch hineingezogen werden. Wenn du vor hast aus deinem Land auszuwandern, empfehle ich es beim „kleinsten Anzeichen" zu tun. Bevor eine allgemeine Mobilmachung geschieht. Zuerst wird es die aktiven Soldaten betreffen, dann die Reservisten und dann den Rest von uns. Außerdem muss der Bundestag zusammen mit dem Bundesrat den Verteidigungsfall feststellen. Dies geschieht nicht über Nacht und nicht unbemerkt, aber wenn du das Land verlassen willst, solltest du es schnell tun.

Nachdem du dir Gedanken darüber gemacht hast, wo du unterkommen könntest, wenn du dein Heim verlassen musst, solltest du dir Gedanken darüber machen was du an mobilen Ressourcen mitnehmen könntest und wie du diese transportierst. Die meisten packen sich eine Tasche, stellen sie sich griffbereit hin und fühlen sich sicher. Das sollte jedoch nur ein Teil deiner mobilen Ressourcen sein. Wo bist du die meiste Zeit des Tages? Wie weit bist du von deinem Notfallgepäck entfernt? Im Folgenden möchte ich dir ein Konzept zeigen, das sich für mich in den letzten Jahren als sinnvoll herauskristallisiert hat.

1. Ressourcen im Auto: Wo ich bin, da ist auch mein Auto. Wenn ich auf der Arbeit bin, steht es auf dem Firmenparkplatz, wenn ich zuhause bin, steht es vor der Tür, wenn ich beim Training bin, steht es dort auf dem Parkplatz. Ich denke es geht fast jedem von uns so, dass er meistens sein Auto dabei hat. Und was bietet sich dabei mehr an, als ein paar Sachen unsichtbar im Kofferraum zu deponieren.
2. Ein Fluchtrucksack zuhause: Der kompakte und leichte Rucksack steht immer griffbereit in der Wohnung.
3. Eine kleine unsichtbare Tasche: Dies ist die „Überlebenstasche" für die Zivilisation. Sie wird in der Nähe des Fluchtrucksacks versteckt, kann im Einsatzfall unsichtbar am Körper getragen werden und beinhaltet Kopien von wichtigen Dokumenten, ein Handy und möglichst viel Bargeld.
4. Ein Kleidersack: Er ist an den Fluchtrucksack gebunden. Wenn du nur wenige Minuten haben solltest um aus dem Haus zu kommen, möchtest du dir deine Klamotten nicht erst zusammensuchen müssen. Wenn du die Bekleidung nicht benötigen solltest, kannst du sie auch weitergeben.
5. Eine kleine Tasche mit Kleinkram, die immer dabei ist: Wenn du auf der Arbeit bist, kommt sie in einen Spind, wenn du beim Sport bist, kannst du sie in die Sporttasche werfen. Eine Frau kann das Päckchen in ihre Handtasche stecken.

Dann wollen wir uns diese Bestandteile dieses Fluchtsystems mal genauer ansehen. Viele der wichtigsten Gegenstände kommen in jedem der Bestandteile vor, andere sollen dir nur das Leben erleichtern und kommen deswegen nur dann vor, wenn genügend Kapazität vorhanden ist.

1. **Ressourcen im Auto**: Wie oben bereits erwähnt, ist mein Auto immer da wo ich mich gerade aufhalte oder nicht allzu weit von mir entfernt. Wenn du viele Kilometer von deinem sicheren Heim entfernt bist, jedoch ein schweres Unglück passiert, kannst du auf sehr viele Ressourcen in deinem Auto zurückgreifen. Viele stellen sich einen kleinen (Flucht-)Rucksack ins Auto, ähnlich dem Fluchtrucksack, der im Haus steht. Jedoch werden dann die Möglichkeiten, die das Fahrzeug bietet nicht ansatzweise ausgenutzt. Wenn du genügend Ressourcen dabei hast, kann das Auto, wenn auch nur im Notfall, zu einem zweiten Heim werden. Ich kann viel mehr Wasser, Nahrung, Kleidung usw. transportieren als mit einem kleinen „Get-Home-Bag". Womöglich kannst du gar nicht in dein Haus zurückkehren, sondern musst in eine komplett andere Richtung fliehen und dich mit dem begnügen, was du gerade dabei hast. Solltest du doch dein Auto verlassen und zu Fuß fliehen müssen, hast du genügend Ressourcen zur Auswahl um dir eine Fluchttasche zusammenzustellen, die genau an die Situation angepasst ist und musst dich nicht mit einer „universellen" Lösung begnügen, die womöglich unnötig schwer ist oder in der aus Platzgründen etwas fehlt.

Als allererstes suchst du dir einen Behälter für deine Sachen. Es kann eine Kiste sein, eine Tasche usw. Es ist nur wichtig, dass alles beisammen gehalten wird. Und wenn du den Kofferraum aufmachst sollte es nicht so aussehen als würdest du dich auf etwas vorbereiten um unnötige Fragen zu vermeiden. Ich habe mich für eine große Sporttasche entschieden, weil es einfach dämlich aussehen würde, wenn ich gezwungen wäre in ein Hotel einzuchecken und dann da mit einer Plastikbox herumstehe. Als nächstes packst du die Sachen ein, die du mitnehmen würdest, wenn du für sieben Tage bei deinem Bruder oder in einem Hotel übernachten würdest. Damit meine ich wirklich Sachen wie Kleidung, Regenzeug, Kulturbeutel mit Waschzeug, mögliche Medikamente usw. Wie oben schon gesagt wirst du im Falle eines Unglücks sehr wahrscheinlich irgendwo unterkommen. Es gibt kaum ein realistisches Szenario, bei dem du nicht irgendwo unterkommst. Selbst wenn du nicht mehr nach Hause kannst (weil dein Wohnhaus in deiner Abwesenheit abgebrannt ist oder sich eine radioaktive Wolke in deiner Wohngegend niedergelassen hat) hast du immer noch genug Kleidung und Hygieneartikel um dich erst mal um Wichtigeres zu kümmern. Als nächstes benötigst du Nahrung und Wasser. Dabei solltest du auch etwa eine Woche anpeilen. Damit hast du gute Chancen, wenn du eine Weile überbrücken musst. Dabei solltest du beachten, dass wahrscheinlich fast immer andere Menschen um dich herum sein werden. Das bedeutet für dich, dass wenn du auf deiner Motorhaube sitzt und Baked Beans aus der Dose isst, sich der Typ, dessen Kinder jetzt gerade hungern, beschließen könnte dir etwas wegzunehmen. Die logische Schlussfolgerung ist: Du solltest zwei „Pakete“ mit Nahrung dabei haben. Ein „Paket“ mit Nahrung, die du teilen könntest. Das könnte eine Aldi-Tüte mit Snickers-Riegeln, Studentenfutter usw. sein, damit es so aussieht als hättest du zufällig etwas dabei, weil du gerade einkaufen warst oder was für deinen Sportverein mitbringen wolltest. Dazu kommen ein paar Sechserträger 0,5l Wasserflaschen. Du isst selber davon und gibst auch gerne ab. Damit bindest du die Leute auch an dich und es entstehen neue Bekanntschaften. In der Gruppe ist man stärker und vielleicht wird dir einer mal einen Gegengefallen tun. Sei offen und freundlich. Nur wenn dieses „Paket“ alle ist, ist es alle. Dann ist das, was du offiziell dabei hast, erschöpft und du hast nichts mehr. Dies musst du glaubhaft rüberbringen. Tatsächlich hast du jedoch ein zweites „Paket“ in deinem Auto untergebracht. Dies wird vor anderen geheim gehalten und ist nur für dich und deine engere Gruppe (z.B. Familie). Wenn du noch kein Navi hast, empfehle ich dir eines zu besorgen. Wenn du in unbekanntem Gebiet fährst, ist es durch nichts zu ersetzen. Zusätzlich solltest du dir einen Straßenatlas für Deutschland ins Auto legen. Damit hast du sehr viel Kartenmaterial. Wenn du das Auto verlassen musst, kannst du dir wichtige Seiten herausreißen und kannst den Rest des Karten-Buches zurücklassen.

Mit der Zeit solltest du deine Auto-Ausrüstung um wichtigste Outdoor-Ausrüstungsgegenstände erweitern. Wenn du gerade in einer kälteren Jahreszeit lebst, wäre ein guter Schlafsack pro Person wichtig. Wenn dein Budget diesen nicht erlaubt, lege dir wenigstens Decken ins Auto, damit du eine Nacht darin verbringen könntest. Wichtig ist auch ein guter, kleiner Wasserfilter (sehr empfehlenswert ist von Firma „Sawyer“ der „Squeeze“ oder „Mini“). Solltest du den Filter jedoch bereits verwendet haben, darfst du ihn nicht bei Minusgraden im Auto liegen lassen, da die Vereisung der verbleibenden Tropfen in den Leitungen den Filter zerstören würde. Empfehlenswert wäre ein kleines Zelt. Wenn dein Budget es nicht erlaubt, geht auch eine Gewebeplane aus dem Baumarkt. Diese ist sehr günstig zu bekommen und ist ein vollwertiges Regendach, Untergrundplane, Windschutz, Sonnenschutz, Sichtschutz und vieles mehr. Ein kleiner Metalltopf sollte dabei sein. „Zebra“ stellt sehr gute her, wenn du jedoch auf dein Geld achten musst, geht auch der gute alte Pickpott der Bundeswehr. Diese sind oft sehr günstig zu haben. Wichtig ist natürlich auch das gute alte Toilettenpapier. Dazu kommt eine kleine sinnvoll zusammengestellte Werkzeugtasche; mit Messer (das Universalwerkzeug), robuste Arbeitshandschuhe, Holzsäge (am besten eine Klappsäge), Metallsäge (z.B. könntest du dir damit ein Fahrrad „leihen“) Zange, Batterien, Bolzenschneider (Schlösser knacken, Hindernisse überwinden), Kabelbinder, Klebeband, Starthilfekabel, Taschenlampe, batteriebetriebenes Radio, Feuerzeuge, „Busch-Alarmanlagen“ (Erklärung folgt), Schnur, Zigarettenanzünder-Handyladekabel usw. Dann solltest du den vorhandenen Erste-Hilfe-Kasten erweitern; es gehören Steristrips, 65mg-

Kaliumjodittabletten, Kohletabletten, ein Mittel gegen Durchfall, Elektrolytpulver, mehr Einweghandschuhe, FFP3-Atemschutzmasken, mindestens ein Tourniquet (Erklärung folgt) und ein Geigerzähler (ja, ich sagte Geigerzähler! Wenn du keine 400€ für ein Gerät zahlen kannst, dann besorge dir eines dieser kleinen Geräte, die man an sein Mobiltelefon anschließen kann. Diese Strahlenmessgeräte kosten ab 50€ und werden aktuell auch um Fokushima von betroffenen eingesetzt. Von daher kann man diese kleinen, günstigen Geräte ernst nehmen.)

Wenn du bei deinem Auto bleibst, kannst du sehr lange zurechtkommen und all die Ressourcen nutzen. Wenn du dich jedoch vom Auto entfernst, musst du wählen was du mitnimmst und was zurückbleibt. Da eine Situation nun eingetreten ist, wird es bei sinnvoller Überlegung nicht schwer sein das auszusortieren, was man braucht. Wenn du zu deinen Eltern fährst, brauchst du nur deine Kleidung. Wenn 20 km neben dir ein Atomkraftwerk explodiert, brauchst du nur deinen Bleifuß, das Radio und den Inhalt deines Verbandkastens. Andere Szenarien benötigen andere Ressourcen.

Was du dir von all dem besorgst und in deinem Auto deponierst, ist deine Sache. Nur du kannst entscheidest, ob du dir mit der Zeit alles zulegst oder nichts davon. Solltest du dir nur wenige dieser teureren Gegenstände, wie Medikamente, Wasserfilter, Strahlenmessgeräte oder ähnliches besorgen, dann denke mal darüber nach wo diese am sinnvollsten untergebracht sind – in deiner Wohnung oder in deinem Auto? Wie viel deiner Zeit verbringst du weit weg von deiner Wohnung? Eine Möglichkeit teure Gegenstände nicht doppelt kaufen zu müssen, ist es diese ins Auto zu nehmen, wenn du wegfährst und in der Wohnung zu halten wenn du da bist. Es sind nicht viele Dinge, die wirklich Geld kosten.

2. **Der Fluchtrucksack**: Dies ist wohl DAS am meisten Diskutierte Thema in der Prepping-Szene. Für mich ist es eines der uninteressanteren Themen bei den „Mobilen Ressourcen“. Das liegt daran, dass es nur ein kleiner Teil deiner Fluchtstrategie einnehmen sollte. Das Herzstück sollte dein Auto sein. Wenn du kein Auto besitzen solltest, macht es natürlich Sinn die Wichtigkeit deines Fluchtrucksacks anzuheben und dir mehr Mühe mit der Tasche zu geben. Bei vielen Preppern läuft die Zusammenstellung jedoch oft auf zu schwere, auffällige Taschen hinaus, deren Inhalt eher an einen Campingausflug erinnert. Die Katastrophen (mit und ohne Evakuierungen) der letzten Jahrzehnte hat gezeigt, dass man mit sinnvoller Kleidung, guten Schuhen, einer großen Flasche Wasser, Geld und Kreditkarte besser fährt, als mit einem Haufen Camping-Spielzeug. Du solltest auf Jeden Fall eine Liste mit Telefonnummern, Adressen usw. von deinen wichtigsten Kontakten dabei haben.

   Deine erste Priorität in einem Fluchtrucksack sollte Wasser sein. Es ist einfach zu wichtig da es deine Leistungsfähigkeit und Motivation stark beeinflusst. Du solltest auf jeden Fall eine große Flasche Wasser dabei haben. Zusätzlich kannst du Methoden der Wasseraufbereitung mitnehmen (leichte Wasserfilter, Wasseraufbereitungstabletten usw.). Die nächste Priorität sollte bei Kleidung liegen (Im Sommer ist es selbstverständlich anders als im Winter. Da ist Kleidung wichtiger als Wasser). Der wichtigste Teil deiner Flucht-Kleidung befindet sich im Kleidersack, der noch besprochen wird, jedoch schadet es nicht ein Ersatz-T-Shirt und ein paar Socken im Fluchtrucksack selber zu haben. Der nächste Punkt ist Nahrung. Diese wird im Fluchtrucksack oft sehr überbewertet und es werden haufenweise EPAs, MREs und ähnliches eingepackt. Wenn du deine Wohnung verlässt und an einen anderen Ort fliehen musst, wie lange wirst du brauchen bis du da bist? Wenn du sagst, es sind 10 – 20 km, dann brauchst du gar nichts an Nahrung einzupacken, wenn du halbwegs fit und gesund bist. Wenn es eher unbestimmt ist, wie weit du reisen möchtest, dann packe dir nur kompakte Kalorien ein, die nicht erhitzt werden müssen. Also keine Ravioli in der Dose oder trockene Fertiggerichte, die mit Wasser erhitzt werden müssen. Ich persönlich mag Energieriegel ganz gerne. Die gibt es in verschiedensten Geschmacksrichtungen, sie sind günstig und können immer und überall gegessen werden. Packe auch die gute alte Rettungsdecke mit ein. Es ist zwar nicht richtig, dass sie 80% – 90% der Körperwärme reflektiert (wenn es so wäre, bräuchte man auf dem Nordpol keinen Schlafsack) aber sie reflektiert. Es gibt sie in verschiedensten Ausführungen; einfache Decke (sehr kompakt und billig), als robuste verstärkte Mehrweg-

Version, als Notschlafsack, als Not-Zelt usw. Dieses tolle kleine Teil kann dir bei Pausen dazu dienen dich warm zu halten und du kannst bei gewissen Temperaturen sogar eins, zwei Nächte darin verbringen. Du kannst aus einem oder mehreren dieser „Decken“ und Klebeband einen mehrschichtigen Schlafsack basteln und ihm sogar mit trockenem Material eine Isolierung verpassen. Aus eigener Erfahrung kann ich dir sagen, dass es sehr unbequem ist, ständig raschelt es und man ist nicht wirklich ausgeschlafen (wenn man überhaupt richtig schläft). Jedoch ist es allemal besser als eine Nacht irgendwo in der Kälte hockend zu verbringen. Wie gesagt haben Rettungsdecken eine leicht reflektierende Wirkung und keine Isolierende. Das bedeutet, dass wenn du die Decke direkt auf der Haut hast, wirst du viel Temperatur verlieren und nutzt die Wirkung der Decke nicht aus. Wenn du eine Rettungsdecke als Dach aufspannen willst, solltest du die Ecken verstärken. Das machst du indem du sie dort mit Klebeband beklebst. Wenn du ein stabileres Dach aus deiner Rettungsdecke herstellen möchtest, binde dir aus Ästen einen Rahmen mit Querstreben und klebe deine Rettungsdecke daran fest. Das alles geht auch mit Container-Müllsäcken – diese haben natürlich keine reflektierende Wirkung, sind aber stabiler als die meisten Rettungsdecken. Aus beiden kannst du mit etwas Geduld Schnüre herausschneiden wenn es sein muss.

Eine gute Ergänzung für Rettungsdecken sind Wärmepads. Es sind leichte, billige Einwegaufkleber, die auf die Haut geklebt werden und einige Stunden Wärme abgeben. Empfehlenswert sind kleine für die Füße und größere für Brust, eventuell Nacken und die Innenseite der Oberschenkel. So hast du für umgerechnet zehn Euro ein Schlafsystem, mit dem du auch bei 0 Grad Celsius eine Nacht überstehen wirst. Das ganze wiegt nur einige Gramm und hat weniger als einen Liter Volumen.

Eine Taschenlampe ist auch recht sinnvoll. Achte darauf, dass sie gängige Batterien verwendet. AA- bzw. AAA-Batterien. Umwickel den Griff der Taschenlampe mit Klebeband – damit kannst du die Lampe besser zwischen den Zähnen halten wenn es nötig ist (Und du hast Klebeband dabei). Alternativ oder ergänzend kannst du dir eine Stirnlampe einpacken. Diese haben den Vorteil, dass man immer die Hände frei hat – sind aber meistens nicht so hell wie normale Taschenlampen.

Ein Messer kann ein sehr wichtiger Gegenstand sein. Ich bin normalerweise kein Fan von großen Messern, jedoch muss ich hier eine Ausnahme machen. Wenn du beschließt, dass du in deinen Fluchtrucksack ein Messer einpackst, sollte es ein robustes Arbeitstier sein. Du wirst es nicht brauchen um im Wald Löffel zu schnitzen oder feinmotorische Fallen aufzustellen. Das Messer muss alle möglichen Misshandlungen aushalten können; du musst damit Löcher graben, Fenster aufhebeln, Sperrholztüren nach einem Erdbeben durchlöchern, Fensterscheiben einschlagen und zur Not auch Trockenbauwände zerstören können. Wenn du dich für eine längere Klinge entscheidest, kannst du den hinteren Teil der Klinge umwickeln und das Messer mit zwei Händen umfassen. Das ermöglicht es dir mit zwei

Händen ans Werk zu gehen wenn du z.B. nach einem Erdbeben durch eine Tür musst.

Feuchttücher sind auch eine sinnvolle Sache in einem Fluchtrucksack. Babytücher und/oder antibakterielle Tücher sind sehr förderlich was deine Hygiene (und damit Motivation) unterwegs betrifft.

Sehr wichtig ist ein Erste-Hilfe-Päckchen. Dies solle so im Rucksack untergebracht sein, dass du sofort rankommst. Also entweder direkt oben oder in einer Seitentasche. Du brauchst kein taktisches Trauma-Kit mit der Möglichkeit Operationen im Feld ausführen zu können. Wenn du dich fragst, was du in dein erste Hilfe Kit einpacken solltest, frage dich erst womit du selber arbeiten kannst. Mindestens solltest du einige Verbandpäckchen, Einweghandschuhe, „Pflaster", Steri-Strips, Wunddesinfektion, ein kleiner Spiegel, Sekundenkleber, Splitterpinzette, Zeckenkarte und ein Instrument fürs Abbinden einpacken. Dazu kommen Medikamente, wie Durchfallmittel, Schmerzmittel, Jodtabletten usw.

Das Shemagh ist letztendlich ein großes Stück Baumwollstoff. Bekannter ist es bestimmt unter dem Begriff Palästinensertuch. Es kann als Mütze, Schal und Gesichtsschutz vor Kälte, Sand, Wind und Staub benutzt werden. Du kannst damit einen heißen Topf vom Feuer nehmen, ein Tourniquet damit herstellen, Wasser vorfiltern und vieles mehr.

Wenn du willst, kannst du eine Karte, FFP3-Masken, ein Radio, ein Handy mit Ladekabel, eine Powerbank, einen kompakten Regenanzug, eine Warnweste, einen Stift und Papier, Seife, Feuerstarter, Batterien, ein Multitool,

Klebeband, Schnur, ein USB-Stick mit wichtigen Daten, einen Einkaufswagenchip (Damit kannst du dir einen Einkaufswagen als Transporthilfsmittel organisieren.), einen Vierkant/Dreikant/Doppelbart-Schlüssel (Um unterwegs Wasserhähne und ähnliches öffnen zu können.) und vieles mehr einpacken. Sei dir bewusst, dass du alles tragen musst und dass es unauffällig sein muss. Viele der Sachen wiegen nicht viel, summieren sich aber in Gewicht und Volumen. Frage dich, was DU mit diesem Rucksack vor hast und entscheide selber, wie viel du mitnehmen musst. Du kannst dich nicht auf alles vorbereiten und du kannst nicht alles in einen Rucksack packen, was du für einen Monat völlig autarkes Leben brauchst. Besonders nicht im Winter. Das Ding würde 60kg wiegen und wie weit würdest du damit kommen, ohne ausgeraubt zu werden?!

3. **Eine kleine unsichtbare Tasche**: Dies sollte eine Tasche sein, die unsichtbar am Körper getragen werden kann. Als Schulterholster, Bauchtasche, Beinholster usw. Diese Tasche wird so gelagert, dass du möglichst schnell rankommst, wenn du dein Haus verlassen musst. Es ist das wichtigste, was du mitnehmen kannst. Diese Tasche enthält dein Leben. Sie enthält wichtige Papiere (Pass, Personalausweis, Führerschein, eine Liste mit deinen wichtigsten Kontakten, Telefonnummern, Adressen usw.) und/oder Kopien davon, Bargeld, wertvolle Metalle (Wenn du welche besitzt.), Schlüssel und eins, zwei USB-Sticks mit deinen kompletten Unterlagen (Arbeitsdokumente, Pass, Personalausweis,

Führerschein, eine Liste von dir wichtigen Internetseiten, Email-Passwörter/-Adressen, Kontonummern, Sozialversicherungsunterlagen, Versicherungen, Verträge, Kontoauszüge, Abrechnungen, Urkunden, Zeugnisse, Impfunterlagen (auch von Tieren), spezielle Scheine (Jagd, Angel, Boot usw.), Diplome, medizinische Unterlagen, Kündigungen usw. Vergiss die dir wichtigen Fotos, Videos, Briefe usw. nicht.

Alles, was du zuhause in Ordnern abgeheftet hast, wird fotografiert und gespeichert. Dies alles kann dir dabei helfen bei Null anzufangen, wenn es sein muss.

4. **Der Kleidersack**: Das ist einfach nur ein Sack mit an die Jahreszeit angepassten Klamotten. Im Winter hast du da eine Winterjacke, im Sommer eher eine dünne Regenjacke usw. Verzichte in jeden Fall auf militärische Tarnmuster.

   Prinzipiell solltest du dich in Schichten Kleiden. Das hat den großen Vorteil, dass du dich auf ändernde Wettersituationen einstellen kannst. Außerdem entstehen dadurch Luftschichten, die zusätzlich isolierend wirken. Du solltest je nach Jahreszeit zwischen zwei und fünf Schichten im Kleidersack aufbewahren. Im Sommer könnte es eine kurze Hose, ein lockeres Baumwoll-T-Shirt, eine dünne Regenjacke und eine lockere lange Hose sein. So kannst du tagsüber in den kurzen Sachen herumlaufen und nachts die langen darüber ziehen. Im Winter könnte es lange Unterwäsche, eine dicke Hose, ein Pullover, vielleicht noch eins zwei weitere Schichten und zum Schluss eine

Jacke, die vor Schnee, Regen und Wind schützt. Du solltest immer nur so viel anhaben, dass du gerade so nicht frierst. Wenn du z.B. marschieren musst, trage so viel, dass du beim Stehen fröstelst. Wenn du irgendwo stehen und lange warten musst, dann passe deine Schichten an. Du darfst bei kalten Temperaturen auf keinen Fall schwitzen, wenn du nicht weißt, ob du heute Nacht in einem warmen Bett schlafen kannst. Wenn du schwitzt, wirst du später frieren. Vermeide Baumwolle bei deinen Wintersachen. Wenn diese nass werden, dauert es ewig bis sie trocknen und das ist gefährlich. Andererseits solltest du bei extrem hohen Temperaturen locker sitzende Baumwollbekleidung tragen (Am besten helle Farben.). Dies nimmt den Schweiß auf und kühlt zusätzlich, sodass du etwas weniger schwitzt und dadurch auch weniger Wasser verbrauchst. Vergiss Socken, Unterhosen und Co. nicht. Enorm wichtig ist auch das Schuhwerk, welches du dir dazustellst. Es sollte auf jeden Fall ein Paar Schuhe sein, welches bereits eingelaufen ist und mit dem du weißt, dass du damit lange bequem laufen kannst. Es sollte Wasserabweisend sein. Es bringt dir nichts bequeme Wandersandalen zu nutzen, wenn es den halben Sommer durchregnet. Im Winter ist es noch wichtiger ein passendes Paar Winterstiefel da zu haben.

Der Sinn von diesem Kleidersack ist es, dass wenn du weniger als eine Minute hast um aus dem Haus zu kommen, kannst du ihn aus dem Fenster werfen und dich draußen anziehen. Oder du wirfst den ins Auto und ziehst dich später an. Du könntest die Klamotten auch in deinen Fluchtrucksack stecken, aber wenn du noch so viel Platz darin hast, nutze ihn lieber für etwas anderes.

5. **Eine kleine Tasche, die immer dabei ist**: Dies ist bei Preppern auch ein heiß diskutiertes Thema. Es wird in der Regel als EDC bezeichnet, was für every day carry steht. Das ist etwas, was du so ziemlich immer um dich herum hast. Wie gesagt, kannst du es auf der Arbeit in einer Schublade aufbewahren, im Spind, in deiner Sporttasche, in deiner Handtasche usw. Du kannst den Inhalt auch einfach auf den Körper verteilen und eine Sache in einer Tasche tragen, eine andere in einer anderen Tasche. Mich würde es sehr nerven die Taschen immer voll zu haben. In dein EDC gehört auf jeden Fall ein vernünftiges **Smartphone**. Das ist quasi das Multifunktionswerkzeug in unserer heutigen Welt. Du hast Kommunikation, Radio, Taschenlampe, Navigation, Speicherplatz, Wecker, Kalender, Fotoapparat, sofortige Informationen aus dem Internet, Kompass usw. immer dabei. Du merkst, was ich dir damit sagen möchte. Das größte Problem dabei ist jedoch oft die Akkulaufzeit. Wenn du nach einem Tag normaler Handynutzung so gut wie keinen Akku mehr hast, solltest du was tun. Tausche entweder deinen Akku aus oder nimm einen Ersatzakku in dein EDC. Wenn es nicht austauschbar ist, nimm eine Powerbank mit. Nimm nichts unter 10.000 mAh. Du kannst damit dein Handy ca. 3 mal aufladen und vom Preis her ist es das sinnvollste.

   Als nächstes wäre ein Werkzeug sinnvoll. Was du nimmst, bleibt dir überlassen. Viele schwören auf

Multitools. Ich persönlich empfehle eher ein einfaches Schweizer Taschenmesser, weil es meistens kleiner und kompakter ist und weil ich im Alltag noch nie die Zange des Multitools benutzt habe, welches ich einige Jahre mit mir herumgeschleppt habe. Jedoch ist das wiederum Geschmackssache und du kannst sagen, dass du weder das eine noch das andere jederzeit dabei haben möchtest. Was du jedoch immer dabei haben solltest, ist Bargeld. Das ist neben dem Handy ein weiteres Multifunktionswerkzeug in unserer Gesellschaft. Wenn etwas passiert, während du weit von deinen Ressourcen weg bist, können dir einige Euro bestimmt weiterhelfen. Du kannst leichter reisen (Wenn der Taxifahrer die Wahl hat, nimmt er bestimmt den mit, der ihm vorher einen Zwanziger als Trinkgeld gibt.), du kannst dir Nahrung, Wasser usw. kaufen, du kommst allgemein weiter, wenn du Bargeld dabei hast. Du solltest aber nicht in Versuchung kommen und irgendwelche Spontankäufe mit diesem Geld tätigen. Es soll dir nicht deiner Konsumgüterbeschaffung dienen, sondern ist als Notgroschen für unterwegs gedacht. Interessant ist vielleicht auch eine Dose Pfefferspray. Dies ist eines der sinnvollsten Selbstverteidigungsgeräte, die wir in Deutschlande legal zur Verfügung haben. Es macht natürlich keinen Sinn, Pfefferspray irgendwo tief in der Tasche vergraben zu haben. Aber wenn es doch später geworden ist und es langsam dunkel wird, hast du die Möglichkeit die Dose aus deiner EDC-Tasche zu nehmen und sie dann irgendwo am Körper zu tragen. Sinnvoll könnte es auch sein, Gegenstände, die keinen Frost bzw. Hitze ab

können, aus dem Auto zu nehmen und in die Tasche zu packen. Medikamente sollten z.B. keinen hohen Temperaturen ausgesetzt sein – parkst du immer im Schatten?
Du kannst selbstverständlich selber entscheiden, was du in deinem EDC trägst. Vielleicht lässt du es komplett weg und hast nur Brieftasche mit 15€, ein Handy mit halb leerem Akku und deine Autoschlüssel dabei. Lasse dir nicht von irgendwelchen Gear-Heads erzählen, dass du eine Taschenlampe für 200€ und ein Multitool für 150€ brauchst um auf eine Krise vorbereitet zu sein. Höre dir an was sie zu sagen haben, aber denke nicht daran, dass du weniger „sicher" bist, weil du viel weniger für dein Zeug ausgibst und viel weniger mit dir herumschleppst. Wenn du in einem U-Bahn-Tunnel steckst und der Strom fällt aus, kommst du mit einer Handy-Lampe genauso gut ans Tageslicht wie mit einer 200€-Taschenlampe.

Wie du vielleicht gemerkt hast, lege ich wenig Wert auf den von vielen geliebten Bug-Out-Bag. Das Auto muss das Herzstück deiner mobilen Ressourcen sein. Nicht nur, weil es mehr transportieren kann als dein Rucksack, sondern weil es bestimmt immer in deiner Nähe ist. Und wenn du doch zu Fuß weiter musst, kannst du dir einen angemessenen Bug-Out-Bag zusammenstellen, der an die Situation angepasst ist und keine „one fits all"-Lösung ist. Wenn du fluchtartig deine Wohnung verlassen musst, musst du als erstes deine **Dokumententasche** greifen und erst dann kommt der Bug-Out-Bag.

5. Erste Hilfe

Als jemand, der sich für Krisenvorsorge interessiert, wird dir die Wichtigkeit vom Thema „Erste Hilfe“ bestimmt bewusst sein. In normalen Situationen kannst du davon ausgehen, dass der Krankenwagen meistens innerhalb weniger Minuten zur Stelle ist. In Ausnahmesituationen musst du jedoch damit rechnen, dass die Kapazität der vorhandenen Rettungskräfte voll ausgelastet ist und dass du womöglich Stunden darauf warten musst, bis Rettungskräfte anwesend sind. Dabei solltest du den Patienten bestmöglichst versorgen, sodass sich sein Zustand nicht weiter verschlechtert. Vorstellbar ist auch eine Auslastung, die dafür sorgt, dass gar keine Retter kommen und man den „Verletzten“ selber in ein überfülltes Krankenhaus bringt oder ihn bei Kleinigkeiten selber behandelt.

Ich werde hier nicht anfangen zu beschreiben wie du jemanden in die „Stabile Seitenlage“ legst oder eine „Herz-Lungen-Wiederbelebung“ ausführst. Wenn du das noch nicht einmal kannst, wird es Zeit, dass du es lernst. Das sinnvollste, was du tun kannst, ist es regelmäßig einen Kurs bei DRK, Johanniter und Co. zu machen. Was dir dort vermittelt wird, ist absolutes Basic. Jedoch für jemanden, der vor 20 Jahren mal einen Kurs für den Führerschein gemacht hat, ist auf jeden Fall viel Neues dabei. Meiner Meinung nach ist es ein absolutes Minimum für einen aufgeklärten Menschen in unserer Gesellschaft in der Lage zu sein, einen Druckverband anzulegen oder jemanden in die

„Stabile Seitenlage“ zu legen, ohne erst fünfmal rumprobieren zu müssen. Besuche also Ersthelfer-Kurse. Wenigstens alle zwei, drei Jahre. Informiere dich doch mal bei deinem Arbeitgeber. Ich sehe es oft, dass viele Mitarbeiter sich vor diesen Kursen drücken wollen und Abteilungsleiter froh sind, wenn sie einige Freiwillige finden, damit ihre Ersthelferquote erfüllt ist. Nutze sowas und nimm solche Kurse auf Firmenkosten an. Genau so sieht es mit den gesetzlich vorgeschriebenen Brandschutzhelferseminaren aus. Nimm es mit, es kostet nichts.
Damit du deine Kenntnisse im Ernstfall auch anwenden kannst, benötigst du natürlich medizinisches Material. Das einfachste ist, du schlachtest die guten alten Kfz-Verbandkästen aus. Jedoch ist da so viel Zeug drin – und so wenig davon ist wirklich nützlich. Und stelle dir nun vor du müsstest total gestresst, verängstigt, vielleicht selber verletzt nach etwas suchen um eine Blutung zu stoppen und musst dich durch haufenweise Schrott hindurch wühlen. Fakt ist: Wenn du dir selber dein Erste-Hilfe-Kit zusammenstellst, weißt du genau was, wo und in welcher Menge zu finden ist und du fängst gezielt an nach bestimmten Gegenständen zu suchen. Als Faustregen sollte dabei gelten; besitze nur das, was du auch benutzen kannst. Ein chirurgisches Besteck macht für jemanden, der nur Ersthelfer ist, nicht so viel Sinn.
Lass uns nun einige Gegenstände durchgehen, die du in deinen Erste-Hilfe-Kits haben könntest.
<u>Handschuhe</u>: In jedes Kit gehören Gummihandschuhe. In ein großes Kit kannst du ruhig einige Dutzend deponieren. In Kits für unterwegs gehören mindestens zwei, drei Paare. Erstens schützt du dich selber vor dem Blut anderer, zweitens schützt du den Behandelten davor, dass unnötige Keime in seine Wunde geraten. Gummihandschuhe sind auch leichter mit

Desinfektionslösung zu behandeln als raue Hände. Die Handschuhe sollten auf jeden Fall nicht gepudert sein. Wenn du handeln musst, aber keine Handschuhe zur Verfügung hast, könnten auch (originalverpackte) Rettungsdecke, Kondome (auch originalverpackt), Plastiktüten (sollte sauber sein, mit Desinfektionslösung behandeln) usw. verwendet werden. Oft sind solche Hilfsmittel sauberer als deine Hände und du schützt dich auf jeden Fall vor fremdem Blut.

<u>Verbandpäckchen</u>: Ich bin ein großer Fan von Verbandpäckchen. Vergiss Mullbinden, Dreiecktücher und den ganzen Mist. Nutze den Raum lieber für zusätzliche Verbandpäckchen. Es sind Mullbinden mit einer Wundauflage. Im Optimalfall ist die Wundauflage aluminiumbedampft, weil sie damit nicht so leicht an einer Wunde festklebt. Relativ neu sind „israelische Kampfbandagen“ bzw. militärische Verbandpäckchen. Diese sind robuster, sodass sie sich auch dazu benutzt werden können um Wunden abzubinden.

<u>Schnellverbände</u>: Das gute alte Pflaster. Du benötigst ein gutes Sortiment an einzeln verpackten, aluminiumbedampften Pflastern. Einfache Wunden können damit überklebt werden. Die Wunde muss dabei aber Luft bekommen. Wenn du improvisieren musst, reicht es nicht aus Stoffstücke einfach nur abzukochen, da durch die Nässe nur eine Temperatur von ca. 100°C erreicht wird. Du musst sie in eine Desinfektionslösung legen oder mit am Feuer erhitzten glatten Materialien (z.B. Stahl) behandeln, bis der Stoff fast anfängt zu verkohlen. Dies gilt grundsätzlich für alles, was mit einer Wunde in Kontakt kommt; provisorisches Pflaster, provisorische Wundauflage, usw. Eine andere Art der „provisorischen“ Wundbehandlung ist der gute alte Sekundenkleber. Er kann dazu verwendet werden um eine Wunde zusammen zu halten, wenn keine andere

sinnvolle Lösung zur Verfügung steht. Dieser Kleber darf nur aus Cyanacrylat bestehen. Eine kleine Wunde wird desinfiziert, gereinigt und kann verklebt werden. Du drückst beide Wundränder zusammen und lässt den Klebstoff die Wunde entlanglaufen. Es sollte kein Kleber in die Wunde selber gelangen. Benutze dabei immer Handschuhe. Sobald der Kleber trocken ist, wird die Wunde zuverlässig zusammengehalten.

Klebeband: Damit ist vieles möglich. Mit Klebeband und einer kleinen sterilen Wundauflage kann man z.B. einen Schnellverband herstellen. Oder du bedeckst eine große Wunde mit einer sterilen Lage und klebst diese mit Klebeband fest. Die Wunde darf aber nie luftdicht abgeschlossen sein.

Wenn eine Wunde so stark blutet, dass sie selbst mit einem Druckverband nicht behandelt werden kann, bleibt dir nur das Abbinden. Dies geschieht am besten mit einem Tourniquet. Dieses Teil wird um eine Bein oder ähnliches befestigt (oberhalb der Blutung). Dann drehst du so lange an einem Hebel, bis die Blutung nachlässt. Wenn möglich solltest du dann noch einmal versuchen einen Druckverband anzulegen damit das Abbindewerkzeug gelöst werden kann, da ein zu langes Abbinden irreparable Schäden verursachen kann. Mal abgesehen davon, dass du deinem Patienten beim Abbinden die Hölle auf Erden bereitest. Wie groß der Zeitraum ist, bis Schäden entstehen, wird oft unterschiedlich angegeben – nutze dieses Gerät also nur, wenn es nicht anders geht.

Vielleicht legst du noch ein paar Skalpellklingen hinein. Das ist etwas, was du hoffentlich nie brauchen wirst, weil du hoffentlich einen Krankenwagen rufen kannst. Wenn du jedoch eine kleine, keimfreie Klinge brauchst (z.B. um an unzugängliche Objekte in den oberen Gewebeschichten zu gelangen), dann wirst du froh sein, wenn du zwei, drei Stück da hast. Damit meine ich z.B. das Herausarbeiten von Dornen oder Splittern. Auf keinen Fall solltest du dich in echten Operationen versuchen.

Ähnlich sieht es mit Nähmaterial aus. Hoffe, dass du es nie brauchen wirst, aber wenn du es brauchst, ist es Gold wert. Es sollte auch nur dann benutzt werden, wenn Klammerpflaster (z.B. Steri-Stips) und ähnliches nicht helfen und die Wunde immer aufgeht. Das Nähmaterial sollte auf jeden Fall steril sein und es sollte ein Nadelhalter dabei sein.

Spritzen: Nein, du sollst nichts in jemanden injizieren (außer du weißt, was du da tust). Spritzen aus Kunststoff sind zum Dosieren von Flüssigkeiten, Absaugen, Sprühen usw. gut.

Wunddesinfektion: Sie gehört in jedes Erste-Hilfe-Päckchen. Sinnvoll ist eine Sprühflasche.

Eine sehr provisorische, jedoch sinnvolle und praktische Form der Herstellung von Spülungen und Wunddesinfektionslösungen stellen Wasseraufbereitungstabletten dar. Wichtig ist die Endung „forte“ im Namen. Dann kann man mit einer Tablette und 4ml Wasser eine effektive Wunddesinfektionsflüssigkeit herstellen. 300ml und zwei Tabletten ergeben eine Wundspülung. Diese Werte gelten natürlich nur bei Tabletten, die bei der Trinkwasseraufbereitung eins zu einem Liter Wasser verwendet werden.

Ob du dir ein Breitbandantibiotikum besorgst, ist dir überlassen. Bestelle aber bitte nichts bei dubiosen „Internetapotheken“. Mache lieber einen Termin bei einem Hausarzt ab und erkläre ihm ehrlich deine Situation und versichere ihm, dass solange die medizinische Versorgung in unserem Lande funktioniert, du das Medikament nicht anrühren wirst. Wenn der Arzt dich mit leeren Händen wegschickt, mache einen Termin bei einem anderen, bist du hast, was du willst.

Du brauchst ein leichtes Schmerzmittel. Z.B. gegen Kopfschmerzen. Vermeide jedoch Mittel, die blutverdünnend wirken. Solltest du dich verletzen, dauert es länger, bis die Blutung stoppt. Die beste Möglichkeit, die bleibt, ist Ibuprofen. Als nächstes benötigst du ein mittleres Schmerzmittel. Diclofenac bietet sich dabei sehr an, da es zurzeit mit bis zu 25mg ohne Rezept zu bekommen ist. Dieses ist logischerweise eher schädlich und sollte daher nur kurze Zeit genommen werden. Die maximale Tagesdosis beträgt 150mg und die maximale Einzeldosis 50mg. Das Mittel sollte nur bei starken Schmerzen eingenommen werden. Solltest du dich dafür entscheiden, dass du wirklich starke Schmerzmittel besitzen möchtest, solltest du dies mit deinem Arzt besprechen. Wenn du ein Rezept dafür bekommst, bewahre eine Kopie davon auf, damit du bei möglichen Kontrollen nachweisen kannst, dass du keine „Drogen“ dabei hast.
Ein Durchfallmittel kann sich auch als sehr nützlich erweisen. Loperamid ist ein gutes. Jedoch solltest du bei der Einnahme eines Durchfallmittels beachten, dass Durchfall eine Reaktion des Körpers auf eine Unregelmäßigkeit ist. Besonders wenn die Sache mit blutigem Durchfall einhergeht, solltest du nach Möglichkeit einen bis zwei Tage warten bis du beginnst das Mittel einzunehmen. Interessant ist in diesem Zusammenhang ist auch ein „Elektrolyt-Mittel“. Dies soll deinen Elektrolythaushalt wieder auffüllen.
Ich selber bin Laie auf diesem Gebiet und traue mir nicht mehr „Gerätschaft“ bzw. Medikamente zu. Ein Erste-Hilfe-Kit sollte, wie oben schon gesagt, aus dem bestehen, womit du umgehen kannst. Wenn du Lokalanästhetika in jemanden injizieren möchtest, die Techniken wie Aspierieren und Co. beherrschst und meinst das vielleicht in einer möglichen Krise gebrauchen

zu können, dann werde ich dir nicht abraten das Nötige zu besorgen und in dein Kit zu legen.

5. Das liebe Geld

In diesem Kapitel soll es um das gehen, um das sich die meisten Menschen den halben Tag Gedanken machen. Unser Wirtschaftssystem basiert darauf, dass wir konsumieren und dementsprechend werden wir auch darauf erzogen unser hart verdientes Geld auch möglichst schnell wieder auszugeben. Es kommt ja am Monatsende schließlich immer neues. Was ist jedoch, wenn es einmal nicht so sein sollte? Es gibt Staaten auf der Welt, da werden Angestellte nur sporadisch bezahlt. Was heute undenkbar klingt, könnte aber schnell Realität werden. Deswegen empfehle ich einen Notfall-Topf für schlechte Zeiten. Du solltest dir über die Zeit so viel beiseite legen, wie du als Nettogehalt für den Zeitraum hättest, für den du gewappnet sein möchtest. Nehmen wir an du stellst Lebensmittelvorräte für vier Monate zusammen. Dann sollte dein Spartopf auch dein Nettogehalt für vier Monate enthalten. Für einige ist das viel, für andere normal. Ich empfehle es sehr.

Ein zweiter sehr wichtiger Punkt ist, dass du dich möglichst von Schulden befreist. Egal wie schlimm eine Situation werden sollte, die Banken werden nicht auf ihr Geld verzichten. Dies sieht man an ganzen Stadtvierteln in den USA, die leer stehen, weil die Banken ihre Kunden lieber aus ihren Häusern werfen, als irgendwie auf diese zuzugehen um einen Kompromiss zu finden. Kaufe dir ein Auto, das du dir auch leisten kannst. Und wenn du schon Schulden machen willst, dann sei dir sicher, dass du diese schnell und sicher abbezahlen kannst. Viele um mich herum sagen, dass ein Haus zum Beispiel eine sehr sichere Anlage darstellt. Ich sehe es so ähnlich. Jedoch musst du es erst einmal abbezahlen. Das bedeuten Sorgen und Ängste ob ich meine Arbeit in 10 Jahren noch habe. Die Wirtschaftslage kann sich schnell ändern. Betriebsbedingte Kündigungen wären an vielen Stellen die Folge. Da sind haushohe Schulden schon sehr belastend. Die Zeiten, in denen du eine Lehre gemacht hast und dann bis zur Rente in demselben Unternehmen gearbeitet hast, sind zu ende. Heute und in Zukunft ist eher Flexibilität gefragt; du musst in der Lage sein in schlechten Zeiten eine Arbeit anzunehmen, für die du auch deinen Wohnort ändern musst.

Der dritte Funk, den ich dir empfehle, ist den größten Teil deines Geldes nicht auf dem Konto zu lassen. Es ist zwar sinnvoll Geld auf dem Konto zu lassen, aber mehr als nötig um deine laufenden Kosten zu bezahlen, sollte es nicht sein. Fakt ist: Cash is King! In 99% der Fälle ist es besser sein Geld als Bargeld zu besitzen. Es gibt nur einen Vorteil sein Geld auf dem Konto zu haben; es liegt nicht physisch irgendwo herum. Ein erstes großes Problem, das besteht, ist dass der deutsche Staat das Recht hat Steuern und Abgaben zu erheben. Zypern ist für mich bei diesem Thema mein Lieblingsbeispiel. Letztendlich wurde sich nach der Bankenpleite 2013 darauf geeinigt, dass nur Großsparer mit einer Einlage von über 100.000€ eine Zwangsabgabe von 47,5% machen sollten. Jedoch stand vorher im Raum, dass wahrscheinlich jeder eines gewissen Prozentsatzes seines Kontoinhaltes beraubt werden sollte. Ich sah damals eine Dokumentation über diese Tragödie, in die die Menschen von den Banken getrieben wurden. Dabei wurde auch ein Mann interviewt, der am Ende war; er hatte einen Kredit von 7000€ aufgenommen um das Studium seiner Tochter zu finanzieren und sollte davon einen gewissen Prozentsatz abgeben. Es war Geld, welches zwar auf seinem Konto war aber es gehörte ihm nicht. Trotzdem sollte er enteignet werden. Es ist zwar weit weg von dem, was wir heute in unserem Land erleben, aber die Menschen in Zypern hatten ihre Krise auch nicht in dem Umfang erwartet wie sie zugeschlagen hat.

Ein weiterer Punkt ist, dass die Bundesregierung grundsätzlich berechtigt ist anzuordnen, dass Kreditinstitute vorübergehend geschlossen bleiben und im Kundenverkehr Zahlungen und Überweisungen weder leisten noch entgegennehmen dürfen. Dies gilt zum Beispiel für den Fall, dass ein Kreditinstitut in derart große Schwierigkeiten gerät, dass schwerwiegende Gefahren für die Gesamtwirtschaft zu erwarten sind.

Die letzteren Punkte kann man fortsetzen und mit einkalkulieren, dass sich früher oder später Pläne für eine angestrebte Bankenunion durchsetzen und in Zukunft ein gemeinsamer Einlagensicherungsfond auf europäischer Ebene eingeführt wird. Die Folge: Wenn die Kreditinstitute eines Nachbarlandes pleitegehen, müssen wir mit unserem Ersparten haften.

Ich empfinde es als sehr logisch, möglichst wenig Geld auf einem Konto liegen zu haben. Cash is King! Ich kann das gar nicht oft genug sagen. Sobald sich etwas anbahnt, das die Menschen dazu bringt ihr Geld in Sicherheit bringen zu wollen, werden Geldautomaten innerhalb von Stunden leer sein und am Schalter wird es auch nicht mehr möglich sein Geld abzuheben.

Bei anderen realistischen Krisenszenarien ist es genauso wichtig möglichst viel Geld direkt in bar zu besitzen und es nicht erst von einem Konto abheben zu müssen. Bei einem tagelangen Stromausfall zum Beispiel wird es keine funktionierenden Geldautomaten geben und EC-Zahlungen werden genauso unmöglich sein.

Jeder muss selber wissen wie weit er den Versprechen von Politik und Wirtschaft traut. Ich bin jedoch der Meinung, dass ich selber dafür zuständig bin mein Eigentum zu schützen. Deswegen halte ich es für sehr naiv, wenn Menschen sagen es werde schon alles gut bleiben und das Geld sei auf dem Konto sicher. Die Entwicklung geht immer weiter dahin, dass es immer unsicherer wird. Und ich sehe es nicht ein, dass mein hart erarbeitetes Geld als Sicherheit für gierige Institutionen und aufgeblähte Banksysteme herhalten soll. Und dir empfehle ich das gleiche.

6. Tauschmittel

Nachdem ich nun oft erwähnt hatte, dass Bargeld ja das tollste sei, sage ich dir jetzt, dass es nicht alles ist. Sollte zum Beispiel jede dir zur Verfügung stehende Währung wertlos werden (oder du hast einfach kein Geld mehr), ist es besser du hast etwas Handfestes zum Tauschen. Bestes Beispiel ist die Krise in Griechenland, wo Menschen teilweise Waren und Dienstleistungen gegeneinander tauschen. Das Phänomen gab es auch in Argentinien nach der Wirtschaftskrise. Irgendwas hatten die Leute immer aus den besseren Zeiten übrig. Nach dem zweiten Weltkrieg gingen Menschen oft aus der Stadt aufs Land und tauschten ihr altes Silberbesteck gegen Säcke mit wertvollen Kartoffeln. Genauso wie etwas zu besitzen, ist es wichtig etwas zu können, was anderen wichtig sein könnte. Welchen Beruf hast du? Bist du Tischler? Frisör? KFZ-Mechaniker? Es gibt viele Berufe, die sich zum „Tauschen“ eignen. Du reparierst den Wagen des Bäckers und bekommst dafür jede Woche ein Leib Brot. Der größte Vorteil einer solchen Ausbildung ist der, dass es dir keiner nehmen kann. Also denke mal darüber nach. Was kannst du? Was hast du gelernt? Was machst du beruflich? Was sind deine Hobbys? Kannst du etwas unterrichten? Kannst du etwas herstellen? Kannst du etwas, was andere nicht können? Schon allein Gesundheit kann vieles ausmachen. Du kannst damit von morgens früh bis abends spät malochen und Tauschmittel verdienen.

Natürlich ist es gut Tauschmittel zu haben, wenn man sie braucht. Am besten ist es etwas, was du eh brauchst und verbrauchst. Wenn du rauchst, kaufe etwas Tabak und Blättchen oder Hülsen ein. Je nachdem womit du selber etwas anfangen kannst. Wenn du öfter Party machst und sowieso einen großen Alkoholverbrauch hast, lege dir ein größeres Alkohollager zu. Wenn du Kaffeetrinker bist, kaufe dir etwas mehr Kaffee. Es ist immer gut etwas eingelagert zu haben, was man selber benötigt und verbraucht. Ich empfinde es als sinnlos etwas einzulagern, womit man nichts anfangen kann. Stell dir vor du hast in 5 Jahren eine andere Ansicht zur Krisenvorsorge und willst damit aufhören. Jedoch hast du in den letzten Jahren 20 Stangen Zigaretten zusammengesammelt, als Nichtraucher. Das wäre sehr ärger ich und eine ziemlich Geldverschwendung. Wenn du aber als Kaffeejunkie viele Kilogramm Kaffee eingelagert hast, wirst du eher denken: „Macht nichts. Dann muss ich mir in den nächsten zwei Jahren keinen Kaffee mehr kaufen. Und kann mal ein, zwei Pfund auf der Arbeit ausgeben."

Ein weiteres sehr sicheres Tauschmittel sind 10-Euro-Münzen. Diese bestehen zu Teil aus Silber. Somit hast du Silber in der Hand. Solltest du jedoch einmal in „normalen" Zeiten Pleite sein, kannst du diese Münzen als reguläres Zahlungsmittel in jedem Laden benutzen. Seit 2002 werden diese Münzen geprägt. Bis 2010 bestanden diese Münzen aus 925er Silber. Das bedeutet, dass das Material aus 92,5% Silber besteht. Dann wurde wohl bemerkt, dass es dumm ist Münzen zu prägen, deren Materialwert größer ist als der Kaufwert. Seit 2011 kommen nur noch Münzen aus 62,5% Silber auf den Markt. Wenn du dir nicht sicher bist, was du in der Hand hältst, kannst du die Münze wiegen. Die 925er Münze wiegt 18 Gramm. Die 625er Münze wiegt 16 Gramm. Sollte die Münze als Geld nichts mehr wert sein, hast du immer noch das Material in der Hand, aus dem sie besteht. Die einfachste Möglichkeit an diese Münzen zu kommen ist es einfach regelmäßig in eine Bank zu gehen und am Geldschalter danach zu fragen. Mir wurde erklärt, dass die kleinen Außenstellen diese sofort an die nächste größere Filiale schicken. Es lohnt sich also ab und zu mal an einer Hauptstelle anzuhalten und danach zu fragen. Es ist kein weiterer Aufwand, wenn man eh Geld abheben möchte und einen Kontoauszug macht.

Solltest du einer dieser Prepper sein, der sehr viel in seine Vorbereitungen investieren möchte, gibt es eine weitere sinnvolle Investition. Gold. Damit meine ich jedoch nicht irgendwelche Barren sondern Schmuck. Als die Krise in Argentinien begann, schossen überall im Lande „Wir Kaufen Gold"-Läden aus dem Boden. Die Leute brachten ihr Gold dahin und wurden bezahlt. Dies ist auch der Grund, wieso ich keine Goldmünzen oder Barren empfehle. Die meisten Münzen sind heute schon viel zu viel wert. Diese sind zwar gut dafür ein Vermögen zu konservieren, aber möchtest du wirklich mit deiner Krügerrand-Goldmünze für 1500€ in einen solchen Laden gehen? Schätze deine Chancen ab nach dem Ladenbesuch verfolgt und ausgeraubt zu werden. Eine solche Münzen vorzuzeigen ist wie mit tausenden von Euros herum zu wedeln – und das vor sehr verzweifelten Menschen. Für deine alltäglichen Ausgaben bietet sich wertloserer Goldschmuck eher an und ist unauffälliger. Stell dir vor wie du in einen dieser zwielichtigen Läden gehst, traurig deinen Ring vom Finger nimmst und fragst: „Was bekomme ich dafür?" Damit wirkst du wie einer von vielen Armen in dieser Krise. Frage bei zwei oder drei anderen nach, bevor du den Ring verkaufst. Dies erhöht deine Chance, dass du einen fairen Preis bekommst. Wenn du dich in einer Situation mit Hyperinflation befindest, gib das Geld sofort aus. Du solltest genau wissen, was du alles damit kaufen möchtest. In der Wirtschaftskrise Argentiniens änderten sich die Preise täglich. Teilweise kosteten die Lebensmittel abends das Doppelte des Preises vom Morgen. Noch besser sind Kettchen. Mit denen kannst du ganz genau dosieren wie viel Gold du verkaufen möchtest. Stell dir vor wie du in einen Laden gehst und traurig ein paar Segmente von der Kette verkaufst, die mal deiner Oma gehört hatte. Nur damit du nicht hungern musst (Den Schrott hast du hoffentlich vorher bei EBay gekauft.). Bleibe bei der Beschaffung bei billigerem Schmuck mit 14 Karat oder 18 Karat. 24 Karat wäre fast 100%iges Gold. Und beachte, dass vergoldet oder ähnlich klingende Begriffe nicht bedeuten, dass etwas aus Gold besteht. Achte darauf, dass sich eine Gravur mit der Karatzahl im Schmuckstück befindet.

7. Selbstverteidigung

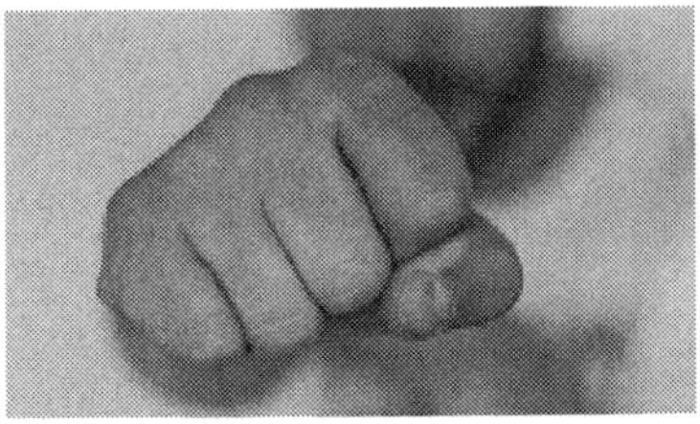

Selbstverteidigung ist eines der zentralsten Themen in der Krisenvorsorge. Es müssen nicht einmal die „Lichter ausgehen“ und es sind auch keine marodierenden Banden auf den Straßen nötig. Sobald die Zeiten dunkler werden, wird es mehr Leute geben, die versuchen werden zu nehmen, was dir gehört. Sie werden versuchen dich zu vergewaltigen, auszurauben, umzubringen oder dir einfach nur eine Lektion zu erteilen, weil du so aussiehst als hättest du mehr als sie oder wärst gebildeter. Der Mensch ist leider so gestrickt, dass wenn er meint mit einer Sache durchzukommen, wird er es versuchen. Es sind nicht alle so, aber die meisten. Das sehe ich jeden Tag dutzendfach im kleinen Rahmen auf der Arbeit und im Alltag.

Der Amerikaner setzt auf seine AR-15-Gewehre und diskutiert darüber ob eine Glock 17 oder doch die Glock 19 die bessere Selbstverteidigungswaffe ist. Im mitteleuropäischen Raum ist es zum Glück/leider nicht so. Wäre es so, könntest du dir ohne viel Aufwand eine Schusswaffe für deine Verteidigung kaufen – jedoch könnte es jeder andere auch. Bei uns im Lande werden wir es am ehesten mit Klingenwaffen zu tun haben. Amokläufe und Terroranschläge der letzen Zeit bestätigen dies. Im südamerikanischen Raum hat sich die Machete als Waffe durchgesetzt. Diese kann ohne Training und intuitiv sehr verheerend eingesetzt werden. Youtube ist voll mit Clips, bei denen Klingenwaffen dazu eingesetzt werden um Verbrechen zu begehen. Und genau darauf solltest du den Schwerpunkt deines Trainings setzen (Wenn du trainierst. Ich hoffe du tust es.).

Als erstes solltest du dir absolut bewusst werden, dass sich Selbstverteidigung in drei große Bereiche aufteilen lässt. Einen Teil zu beherrschen ohne die anderen zu beachten, wird dazu führen, dass du schwer verletzt wirst oder in der falschen Situation sogar stirbst. Der erste Teil besteht aus deiner Einstellung/Aufmerksamkeit. Nehmen wir an du sitzt gutgelaunt in einer Kneipe und schaust einen fremden zu lange an. Für dich ist es nichts. Für ihn jedoch ein reeller Grund zu dir rüberzukommen und dir demonstrativ die Fresse zu polieren. Nicht jeder lebt nach den gleichen Regeln wie du und hatte die gleiche Konditionierung durch das Leben. Du liest gerade ein Buch. Vielleicht hast du wie ich schon Dutzende oder Hunderte gelesen. Es gibt jedoch Leute, die noch nie eines freiwillig gelesen haben. Ich will nicht sagen, dass diese Leute automatisch dumm oder ungebildet sind, jedoch habe ich festgestellt, dass es Menschen gibt, die eher nach ihrer genetischen Programmierung handeln... während andere versuchen „Logik und Vernunft“ in eine Sache zu bringen. Der erstere nimmt wahr, dass er in einem sozialen Umfeld lebt (sein „Stamm“) und dass er eine gewisse Stellung und Rolle hat. Es gibt Leute „über“ ihm und „unter“ ihm. Er denkt es vielleicht nicht bewusst, aber eine jahrmillionenalte genetische Disposition verlangt es von ihm. Das genaue Gegenteil ist ein „aufgeklärter“ Mensch, der denkt, dass ihm nach Feierabend keiner mehr was zu sagen hat, da seine Freiheit und seine körperliche Unversehrtheit ja durch Gesetze geschützt sind. Es sind natürlich zwei komplette Extrembilder und jeder befindet sich irgendwo dazwischen. Solltest du eher zur einen Seite tendieren, solltest du die Augen vor der anderen Seite niemals verschließen. Zeige Respekt (keine Unterwürfigkeit) und du wirst mit Leuten aus anderen Operationssystemen kaum Schwierigkeiten haben. Dies ist auch der nächste Punkt; solltest du ein geringes Selbstvertrauen haben und dies nach außen tragen, ziehst du Schwierigkeiten magisch an. Wenn das falsche Primatenhirn dies registriert, wird die dazugehörige Person „Gründe" finden um dies auszunutzen. Du wirst erst ausgespäht, dann „angesprochen" und benutzt. Egal ob es darum geht, dass du ausgeraubt, nach Hause verfolgt und dort ausgeraubt, vergewaltigt, vergewaltigt und dann umgebracht oder einfach nur zusammengeschlagen (um seinen Kumpels und seiner Freundin zu zeigen was für ein harter Typ er ist) wirst. Es ist enorm wichtig, dass du die nötige Aufmerksamkeit dazu entwickelst und eine Einstellung fährst, die sagt: „Wenn du was dummes machst, werde ich die Hölle über dich hereinbrechen lassen!!!". Wisse, dass es um dich herum andere Operationssysteme gibt. Andere Menschen „funktionieren" anders. Wisse um die Andersartigkeit und akzeptiere sie. Dieses Wissen allein ist schon die halbe Miete wenn um „Aufmerksamkeit" geht. Dies formt wiederum deine „Einstellung". Dies bedeutet auch eine gefährliche, gewalttätige Situation zu akzeptieren sich darauf einzustellen. Wenn du zu lange mit einer „ich-bin-durch-Gesetze-geschützt"-Einstellung durch die Welt gelaufen bist, ohne mal über den Tellerrand zu schauen, wirst du eher dazu tendieren die Situation zu leugnen. „Nein, das kann mir nicht passieren." „Das passiert doch nur anderen." „Es kommt nur in den Nachrichten, aber mir kann sowas nicht passieren, weil ich ja hier lebe." Wenn du diese Sätze liest, ist dir bestimmt bewusst, dass das Blödsinn ist. Aber was sagt deine wirkliche Einstellung dazu? Was tust du um deine Wohnung sicherer zu machen? Trägst du (legale) Selbstverteidigungswerkzeuge (JEDEN TAG) bei dir? Ist es paranoid tatsächlich immer Pfefferspray dabei zu haben? Deine Einstellung macht einen gewaltigen Unterschied in deiner Fähigkeit aus, dich selber verteidigen zu können. Sie macht dich bereit für eine Konfrontation und eine Situation, in der du dich verteidigen musst, sodass du eine gesunde Form der Aggressivität entwickelst und über deinen Gegner herfällst, wenn es sein muss. Wenn es sein muss, mache Hundefutter aus deinem Gegner – mit allen Mitteln! Diese „Säule“ ist der Grund, wieso Straßenschläger, Hooligans so erfolgreich sind, in dem was sie tun. Sie haben meistens keine Ausbildung, aber eine hohe Gewaltbereitschaft.

Der zweite große Bereich der Selbstverteidigung stellt die Ausbildung dar. Damit meine ich nichts anderes als Training. Die einfachste Art an Training zu gelangen, ist es sich einen Verein oder ähnliches zu suchen, der Kampsport/Selbstverteidigung anbietet. Jedoch habe ich in den letzten 16 Jahren des Trainings festgestellt, dass die meisten Vereine/Kampfkunstschulen nichts mit Selbstverteidigung zu tun haben. Viele Schulen haben den Begriff „Selbstverteidigung“ in ihrem Namen, aber mit der Thematik sonst nicht viel zu tun. Wenn du sagst, du möchtest dir eine Schule ansehen, mache einige Stunden Probetraining klar. Wenn der Schulleiter dir nur eine Stunde Probetraining gewährt und dich zum Vertragsabschluss drängt, verabschiede dich. In Deutschland kommt sowas oft im Wing Tsun-Bereich vor (Besonders im Bereich des Dachverbandes EWTO, da es dabei immer um sehr viel Geld geht und es an die 10.000€ kostet das ganze Wing Tsun-System zu lernen.). Es dauert immer mehrere Trainingseinheiten, bis du sagen kannst, ob es was für dich ist. Schaue dir die Leute dort an. Wer sind sie?

Wenn zu viele Frauen/junge Mädels dabei sind, die schwerpunktmäßig „sich nur etwas bewegen wollen“, ist es ein negatives Zeichen. Sind viele Jugendliche anwesend, die vielleicht etwas undiszipliniert erscheinen, weil sie gerade aus der „Kindergruppe“ zu den Erwachsenen gewechselt sind, ist es ein negatives Zeichen. Wie ist der „harte Kern“ der Schüler aufgebaut? Sind es größtenteils Bewegungslegastheniker, die nichts auf die Reihe kriegen und der Trainer muss eine einfache Übung fünfmal zeigen? Oder Zeigt der Trainer eine Sache und die Leute wissen was sie machen sollen? Mit wie viel Elan trainieren die Schüler? Wird tapsig die Motorik einer Übung ausgeführt und ein Schlag weit weg vom Ziel abgestoppt? Oder wird da schon etwas „aufeinander losgegangen“? Dann solltest du dir überlegen, was es für ein Kampfsport ist, den du dir gerade ausgesucht hast. Wenn es ein Stil ist, der sehr viel Zeit mit Form- /und Kata-Laufen verbringt (Tae Kwon Do, Karate), vergiss es, auch wenn dir der Trainer erzählt es sei alles drin um dich erfolgreich verteidigen zu können. Wenn es ein Stil ist, der NUR aus vorgefertigten Techniken besteht (Damit meine ich, dass du NUR bestimmte Angriffe auf Ansage abwehrst und ins Stocken kommst, wenn was anderes kommt.), vergiss es. Wenn schwerpunktmäßig auf Punktemachen in Wettkämpfen gesetzt wird und der Trainer dir sagt, dass tiefe Tritte weniger Punkte bringen oder komplett verboten sind (Tae Kwon Do, leichtkontakt im Kickboxen), vergiss es. Wenn der Trainer dir sagt, dass du eine Sache erst formal „so“ lernen musst, um sie dann in der Anwendung „doch anders zu machen, weil es praktischer ist“...vergiss es. Diese ganzen negativen Punkte habe ich in einigen Schulen erlebt und bin in vielen nicht lange geblieben, weil es Zeitverschwendung ist.

Was die Techniken betrifft, ist es sehr wichtig, dass in der Schule Sachen gezeigt werden, die einfach und direkt sind. Es dürfen nicht zu viele Hebel vorkommen und du darfst nicht zu viel um den Gegner herumtänzeln müssen, damit es funktioniert. Eine Technik ist nur dann sinnvoll, wenn du sie oft und in vielen Situationen einsetzen kannst. Wenn du länger als fünf Minuten brachst um sie zu lernen, ist sie zu kompliziert und du wirst sie in einer Kampfanwendung nicht einsetzen können. Es ist klar, dass du viel Training brauchst um die Technik zu perfektionieren, aber in fünf Minuten musst du sie verstanden haben und in der Lage sein sie einzusetzen. Bestes Beispiel ist der Fingerstich zum Auge. Die Hand, die sich als nächstes zum Ziel befindet, schnellt zum Auge und sticht hinein. Punkt. Diese Technik ist so unkompliziert, dass sie jeder intuitiv kann. Sie ist im Liegen anwendbar, im Stehen, im Sitzen, gegen jemanden, der redend vor dir steht oder in einer laufenden körperlichen Auseinandersetzung.

Wenn du in einer größeren Stadt wohnst und eine große Auswahl an Kampfkunstschulen hast, hast du Glück. Besuche mehrere und bleibe nicht bei der erst besten. Wenn du dabei minimalistisch vorgehen willst, besuche das gute alte Boxen. Dieser Stil ist in der Selbstverteidigung total unterschätzt und bietet ideale Grundlagen. Er enthält wenige einfache Techniken, die sehr überzeugend sein können. Es ist hart und die Leute sind daran gewöhnt Schläge einzustecken ohne in Panik zu verfallen. Dies ist in den wenigsten Selbstverteidigungs-Stilen üblich, da dort die Schläge meistens nur angedeutet werden. Deswegen sind gute Boxer auch so gut darin nicht getroffen zu werden. Sie lernen auszuweichen und die Deckung oben zu behalten. Boxvereine kommen oft vor und sind oft auch sehr günstig. Der günstigste in meiner Nähe kostet sieben Euro im Monat. Da kann das Geld keine Ausrede mehr sein. Wenn du eine Schippe drauflegen möchtest, könntest du einen Kickboxverein besuchen. Oder ein Muay Thai-Verein. Dies würde deinen Technikpool um Tritte und Ellenbogen-/Knie-Stöße erweitern. Wenn du noch weiter gehen willst, suche dir einen guten MMA-Verein, dieser bringt Bodenelemente mit ein. Jedoch wird dies sehr Zeit- und Energieintensiv. Du musst also Bock darauf haben und kein chronischer Unsportler sein. Es gibt natürlich noch weitere sinnvolle Selbstverteidigungsstile. Es dürfen jedoch nie zu viele komplexe Bewegungen abverlangt werden und es muss regelmäßig eine Art Freikampf stattfinden, wobei du in einer Stresssituation ausprobieren kannst, was du gelernt hast. Optimal mit Waffen und/oder mehreren Gegnern. Dies kommt sehr oft in Stilen wie Krav Maga, Eskrima, Wing Tsun usw. vor. Wenn keinerlei Form von Sparring oder Freikampf betrieben wird, vergiss die Schule.

Sei ein fleißiger Schüler aber sei dir auch bewusst, dass Techniken allein dir nichts nützen, wenn du den Ersten Teil nicht beherzigst. Den Teil mit der Aufmerksamkeit meine ich, da du vieles voraussehen kannst...und den Teil mit der Einstellung. Ein ausgebildeter Kampfsportler mit einer gesunden Aggressivität ist sehr gefährlich.

Der dritte wichtige Bereich besteht aus „Vorbereitung" auf eine mögliche Selbstverteidigungssituation. Damit meine ich unter anderem Waffen. Es ist sehr wichtig, dass du in der Lage bist dich mit deinen bloßen Händen zu verteidigen. Dies solltest du jedoch möglichst vermeiden, wenn du dich in einer Gefahrensituation wiederfindest. Wieso solltest du dich mit jemandem auf dem Boden herumrollen und womöglich das Risiko eingehen von einem dritten an den Kopf getreten zu werden?! Du könntest deinem Gegenüber eine Ladung

Pfefferspray verabreichen und wegrennen. Es gibt für mich keinen Grund dafür auf Waffen zu verzichten. Alles verbessert deine Chancen und wenn du daran interessiert bist deine Haut zu retten, ist es extrem dumm auf Vorteile zu verzichten. Waffen können grundsätzlich dazu verwendet werden physischen Schaden zu verursachen, aber auch dazu jemandem zu drohen und ihn zu vertreiben, auf Abstand zu halten oder einfach nur Zeit zu verschaffen. Einige „Nahkampfexperten" empfehlen, dass der Gegner dein Messer grundsätzlich „erst spüren und dann sehen muss". Die meisten plappern aber nur amerikanischen Experten nach, die in einer anderen Gesellschaft leben. In einem Staat, in dem jeder eine Schusswaffe tragen könnte, würd ich auch nicht mit einem Messer oder Stock drohen. Wir leben aber in Mitteleuropa. Klar kann man hier auch an Schusswaffen herankommen, aber die Wahrscheinlichkeit ist eher gering. Klar gibt es auch Situationen, in denen man sofort handeln muss und nicht erst droht. Jedoch kann man das nicht pauschalisieren und du musst selber einschätzen, ob du dir den Luxus des Versuches einer drohenden Deeskalation erlauben kannst.
Du solltest dir jetzt eine oder mehrere legale Waffen zulegen und dicht damit vertraut machen. Und nicht erst, wenn eine „Krise" eintrifft. Es könnte passieren, dass du überrascht wirst oder die Situation verschlechtert sich so langsam, dass du es „noch" nicht für nötig halten wirst dich zu bewaffnen. Kaufe dir also legale Waffen deiner Wahl und halte sie IMMER am selben Ort. Du solltest immer etwas am Körper tragen, wenn du aus dem Haus gehst. Du solltest im Schlafzimmer, in deinem Nachtschränkchen oder ähnlichem eine Waffe haben (auch eine Taschenlampe). Sinnvoll ist es in jedem Raum mindestens einen Gegenstand zu haben, mit dem du dich verteidigen kannst. Es

klingt wieder aufwändig, ist aber nötig, wenn du mehrere Räume von deinem Schlafzimmer entfernt bis. Wenn du eine Waffe im Alltag am Körper trägst, solltest du sie immer an derselben Stelle tragen. Klar kann es sein, dass du im Sommer andere Kleidung trägst als im Winter und dass sich damit der Ort ändert, an dem du dein Pfefferspray trägst, jedoch solltest du nicht zu oft die Stelle wechseln an dem deine Waffe sich befindet. Wenn du Rechtshänder bist, empfehle ich eine Stelle im Bereich der rechten Hosentasche/Gürtel/rechte Gesäßtasche. Du musst selber entscheiden wo du was trägst, weil ich nicht weiß für welche Waffe du dich entscheidest und was für einen Kleidungsstil du hast. Im Winter könnte es eine Jackentasche an der Stelle sein. Und was du auf keinen Fall tun solltest: Die Waffe hat nichts in der Handtasche, im Rucksack usw. verloren. Besonders Frauen neigen dazu sowas zu tun. Bitte nicht! Ich habe die Angewohnheit Frauen Pfefferspray zu geben, wenn ich erfahre, dass sie sich öfter allein an dunklen abgelegenen Orten herumtreiben. Sie nehmen das dankbar an und freuen sich vielleicht auch darüber. Jedoch wandert es sehr schnell in die tiefen Katakomben von Handtaschen, Schubladen usw. Oft wurde mir gesagt: „Wen ichs brauche, habe ich es ja dabei.“ Nein, wenn du es suchen musst, „hast du es nicht dabei“.

Bei der Wahl deiner Waffe solltest du beachten, womit du überhaupt umgehen könntest und was dir nicht zum Nachteil wird. Legale Waffen sind auch darin zu unterscheiden, ob du diese nur besitzen oder ob du sie auch führen darfst. Es gibt einige „typische Prepperwaffen“. Einige davon sind sinnvoll, andere eher sinnlos. Einige werde ich hier nun auflisten und kommentieren:

- Gaspistole: Diese hat Vor- und Nachteile. Du darfst sie besitzen und mit dem kleinen Waffenschein, der aufwandsarm beantragt werden kann, mitführen. Der Vorteil dieser Waffe ist, dass mehrere Schüsse aggressiven Materials gezielt auf mehrere Meter auf ein oder mehrere Gegner gefeuert werden können. Die abgegebene Ladung ist damit gut zu dosieren und du kannst einen kleinen Raum mit Reizgas vollnebeln indem du in wenigen Sekunden das Magazin dorthin verschießt. Der große Nachteil einer Gaspistole besteht in der Komplexität seiner Bedienung. Es ist klar... Magazin rein, fertigladen, entsichern und feuern. Es ist jedoch sehr viel Übung nötig um den Ablauf zu automatisieren, damit du reflexartig eine schussbereite Waffe in der Hand hältst und wenn nötig Ladehemmungen ruckzuck beseitigst.

  Ich kann dir auch sagen, dass es echt nervig ist den ganzen Tag eine Gaspistole dabei zu haben. Das Ding ist schwer, klobig, trägt auf und muss immer unsichtbar getragen werden. Wenn deine Waffe diese Eigenschaften erfüllt, wirst du sie immer öfter zuhause lassen und keine Lust haben sie mitzunehmen.
- Armbrust: Seit gewissen Zombiefilmen ist die Armbrust totaler Kult bei Preppern. Ich kenne Leute, die darüber nachdenken eine zu kaufen und andere, die bereits eine haben. Denn Sinn und Zweck dieses Gerätes habe ich jedoch nie verstanden. Über alltägliches Mitführen brauche ich eigentlich nichts zu sagen. Zur Jagd ist es auch eher

bedingt geeignet. Ich stromere ab und zu im Wald herum und wäre schon zig mal verhungert, wenn ich darauf angewiesen wäre ein Tier mit einer Armbrust zu erlegen. Außerdem gibt es dort Jäger und Förster, deren Familien in einer Krisensituation ebenfalls hungern würden. Und die sind die mit der Jagdausbildung und den richtigen Schusswaffen.
Als Waffe für die Heimverteidigung halte die Armbrust ebenfalls für nicht optimal. Auf Überraschungsbesuche bist du damit überhaupt nicht eingestellt, da du das Gerät ständig gespannt haben müsstest. Wenn du Zeit hast die Waffe schussbereit zu machen, hast du auch nur einen Schuss, der ein Ziel auch nicht automatisch stoppt. Selbst Pistolenkugeln, die sich nach Eindringen in das Ziel Verformen um mehr Schaden zu verursachen, stoppen das Ziel nicht auf der Stelle, sondern wirken verzögert. Selbst wenn du triffst, hast du keine Garantie dafür, dass dein Ziel mit einem Bolzen zum Körper gestoppt wird. Ein zweites Ziel wirst du damit nicht mehr bekämpfen können.

- Stumpfe Hiebwaffen: Damit meine ich stumpfe Gegenstände wie Teleskopschlagstock, Baseballschläger, Tonfa und andere Schweinereien. Wenn du dich eher für solche Waffen entscheiden solltest, musst du erst überlegen für was du sie einsetzen möchtest. Für Heimverteidigung ist dieser Bereich eher interessant als für das Mitführen. Das einzige, was du mitführen „kannst“, ist der Teleskopschlagstock (weil man den einfahren kann), das, was du mitführen „darfst" ist nichts davon. Diese Waffen darfst du nur in einem abgeschlossen (mit einem richtigen Schloss!) Behälter mit dir führen. Was du daraus machst, ist dir überlassen. Als nächstes solltest du mal schauen was für eine Statur du hast. Stumpfe Waffen sind logischerweise dann interessant, wenn du in der Lage bist sie kraftvoll und vernichtend einzusetzen. Es bringt nichts, wenn du als 50-kg-Frau jemanden schlägst, der den Baseballschläger auffängt und festhält. Wenn du aber nicht gerade ein Hänfling bist, wird es interessanter für dich. Als nächstes solltest du sehen wofür du die stumpfe Waffe benötigst. Wenn du es als Heimverteidigungswaffe nutzen willst, solltest du mal schauen wie du lebst. Hast du große freie Räume? Oder lebst du in einer winzigen zugestellten Wohnung, in der du keine Waffe schwingen könntest? Hast du eher vor ein Treppenhaus zu verteidigen oder eine enge, steile und verwinkelte Treppe, auf der man kaum sicher stehen kann? Ein Teleskopschlagstock kannst du sehr bequem in engen Räumen und in Türen verwenden, wobei du hauptsächlich Schläge von oben einsetzen wirst. Ein Baseballschläger dagegen gibt dir enorme Reichweite und kann verheerender eingesetzt werden.

- <u>Kubotan/Yawara/Palmstick/Pasak/Dulodulo</u>: Da gibt es bestimmt noch einige andere Bezeichnungen für diese Waffe. Letztendlich ist es ein kleiner harter Gegenstand, der etwas länger als deine Hand ist. Dieser wird in die Faust genommen und schaut am

Daumen und/oder am kleinen Finger aus der Faust. Es gibt so viele Namen für das Gerät, weil es in vielen Kampfkünsten aus verschiedenen Kulturen vorkommt und jede setzt es anders ein. Ich habe es schon bei einigen Leuten am Schlüsselbund gesehen. Jedoch weiß kaum einer wie man das kleine Gerät vernünftig einsetzt. Erstens kannst du damit nicht drohen, weil es eine Überraschungswaffe ist. Zweitens wird es in zu vielen Kampfkünsten als Druckwaffe auf bestimmte Nervenknoten am menschlichen Körper eingesetzt. Die Leute glauben dann leider viel zu oft, dass wenn sie jemandem das Ding präzise irgendwo reindrücken und Schmerzen erzeugen, dass es dann alles ist. Das reicht aber nicht. Vor allem wirst du in einer gewalttätigen Stresssituation, in der jemand dich anschreit und auf dich einschlägt, nicht den Kopf dafür haben um dich an genau die Punkte zu erinnern...und hast du das schon mal geübt, während einer auf dich einschlägt? Die beste Methode mit einem Palmstick umzugehen ist es diesen bis zuletzt verborgen zu halten. Wenn du unterwegs bist und ein suspekter Typ fragt dich nach einer Zigarette, nimmst du deinen Schlüsselbund (an dem die Waffe befestigt ist) in die Hand und spielst damit herum. Wenn sich eine Situation entwickelt, in der du dich verteidigen musst, schlägst du mit der Waffe auf alles, was sich bistet. In Extremsituationen auf Augen und Hals. Wenn du nicht so weit gehen willst (warum auch immer), treffe alles andere so oft und hart du kannst. Schlage so wie du mit der Faust auf einen Tisch schlagen würdest. Nur schaut an deinem Ringfinger einige Zentimeter weit die Waffe heraus. Mache keine (Kampf-)Kunst daraus und schlage gerne vier, fünf mal hart auf dieselbe Stelle und suche dir dann ein besseres Ziel, welches gerade frei geworden ist oder fliehe. Der Palmstick gilt laut dem aktuellen deutschen Waffengesetz nicht als Waffe und darf damit mitgeführt werden. Jedoch wirst du bei Versammlungen, Demonstrationen, an Flughäfen und wo auch immer schärfere Bedingungen herrschen, Probleme bekommen. Eine sinnvolle Lösung wäre das Wechseln auf einen stabilen (Metall-)Kugelschreiber. Dieser erregt keine Aufmerksamkeit und wenn du damit jemanden verletzt, sieht es weniger nach Vorsatz aus, als wenn du einen Palmstick nur dafür mit dir mitgeführt hast. „Ich hatte Panik und Angst um mein Leben…er versuchte mich zu schlagen und ich habe meine Hände zum Schutz nach vorne genommen…dabei muss ich ihn wohl mit dem Kugelschreiber ins Auge getroffen haben…“ Aber lass die Finger von diesen „Taktischen“ Kugelschreibern. Die sind primär als Waffe gedacht und am Flughafen wird man sich dann sehr für dich interessieren wenn man sowas bei dir findet.

- Speer: Ja, ich meine tatsächlich einen Speer. Ein langer Stab mit einer Spitze. Ich kenne jemanden, der sehr darauf pocht, dass es bei der Verteidigung eines engen Flures oder einer Treppe nichts Besseres gibt als einen Speer. Er sagte einmal:

„Wenn ich da so vor dir stehe und du kommst ran, ich kann dir blitzschnell in den Bauch stechen und es wieder rausziehen. Was willst du da machen?“ Er hatte recht. Es ist unmöglich den Speerträger zu umgehen, und selbst wenn ich mir ein Möbelstück als Schutz vor den Körper halte, kann er ohne Verzögerung meine Beine oder Kopf angreifen. Eine Abwehr ist fast unmöglich. Was das Mitführen eines Speeres betrifft sollte klar sein, dass es nicht viel Sinn macht. Aber für die Heimverteidigung in dunklen Zeiten kann es je nach Gegebenheit die Ideale Waffe sein. Einen Speer kannst du selber provisorisch bauen oder einen kaufen.

- Gassprays: Ein Gasspray sollte sich auf jeden Fall in deinem Sicherheitssystem befinden. Es gibt kein anderes Verteidigungsgerät, das so viel Vorteile hat und so einfach zu bedienen ist. Es gibt dabei verschiedene Ausführungen mit verschiedenen Reizgasen. CS- und CN-Gase (*Tränengas*) sind chemische Gase, die über das Schmerzzentrum im Gehirn wirken. Daher ist die Wirkung bei betrunkenen oder unter Drogen stehenden Personen eher herabgesetzt. Das Gas Trifft hauptsächlich Schleimhäute; die Atemwege werden angegriffen, ein Hustreflex wird ausgelöst, die Augen werden angegriffen usw. Etwa 20% der Menschen sind gegen Tränengas resistent. Die Bundeswehr darf Tränengas übrigens nicht einsetzen, da es eine chemische Waffe ist... bei Demonstrationen scheint es aber in Ordnung zu sein.

Pfefferspray ist eine Flüssigkeit, die aus 10-12% Oleoresin Capsicum (OC) besteht. Das ist derselbe Wirkstoff, mit dem wir unser Essen würzen. Etwa 2% der Menschen sind immun gegen den Wirkstoff. Dieser wirkt ebenfalls auf die Schleimhäute, wobei er eher die Augen als die Atemwege angreift. Der Wirkstoff wirkt wesentlich besser als CS- oder CN-Gase bei betrunkenen oder unter Drogen stehenden Personen.

Wie schon gesagt bin ich ein großer Freund des Gassprays (besonders des Pfeffersprays). Es gibt keine andere Waffe, die so einfach von jedem eingesetzt werden kann. Der Einsatz stellt im unberechtigten Fall eine schwere Körperverletzung dar, aber er wird das Ziel nicht gleich umbringen oder ihm Löcher, gebrochene Knochen oder ähnliche schwere Verletzungen zufügen. Es gibt zwei Hauptgruppen bei den Pfeffersprays; die eine versprüht eine Wolke, die andere einen Strahl. Die Version mit dem Strahl (meistens ein roter Sprühkopf) versprüht einen dünnen Strahl und kann dadurch gezielt gegen einzelne Personen eingesetzt werden. Jedoch musst du damit genau zielen und das Gesicht treffen. Es kontaminiert einen geschlossenen Raum dadurch weniger. Die Version mit dem Gas-Sprühkopf (gelber Sprühkopf) Versprüht einen Nebel und beeinträchtigt einen Gegner auch wenn man nicht direkt das Gesicht trifft und kann besser gegen mehrere Gegner eingesetzt werden. Der Nachteil/Vorteil am „Fog“-Sprühkopf ist, dass ganze Räume damit kontaminiert werden können. Für „unterwegs" halte ich Gas-Sprühkopf daher für sinnvoll – als Heimverteidigung in engen Räumen halte ich den Strahl-Sprühkopf als geeigneter. Es ist auch „Geschmackssache"; ich kaufe nur Nebel-Sprühköpfe und kenne Leute, die auf Strahl-Sprühköpfe schwören. Du kannst wählen was du willst, solange du Reizgas in dein Verteidigungs-System aufnimmst. Du solltest es jedoch nicht als einzigen Bestandteil sehen. Reizgas ist gut, ist jedoch nicht in allen Situationen die richtige Wahl. Außerdem kann es sein, dass sich ein Gegner durch Drogen, Wut oder Fanatismus in einem extremen Rausch befindet und trotz Besprühung weiterkämpft. Gassprays sind kein garantiertes KO-Mittel. In dieser Situation bietet das Reizgas einen großen Vorteil, die Arbeit ist jedoch noch nicht erledigt und die Situation muss mit anderen Mitteln gelöst werden.

Dass man einen Nebel nicht gegen Wind sprüht, muss ich dir bestimmt nicht sagen. Und dass wenn du jemanden vollgesprüht hast und dich dann mit ihm weiter auseinandersetzt, du ebenfalls kontaminiert wirst, muss ich dir bestimmt auch nicht sagen.

- <u>Messer</u>: Schon immer haben Menschen messerähnliches Werkzeug genutzt. Es ist ein universelles Werkzeug und eine furchtbare Waffe. Du bekommst sie überall für zwischen 50 Cent und 500 Euro. Es ist die wichtigste und sinnvollste Waffe, die wir in Mitteleuropa besitzen und mitführen dürfen. Wenn du dich ernsthaft für Selbstverteidigung/Überleben interessierst, solltest du lernen wie man ein Messer trägt, es zieht und es im Nahkampf benutzt. Selbstverständlich meine ich damit nicht den Halbstarken, der in der Disco sein/e Ehre/Ego verteidigen will, sondern die Frau, die allein in der Tiefgarage von 1-2 komischen Typen bedrängt wird. In Kombination mit einem Pfefferspray kann ein Messer das Beste sein, was wir nutzen dürfen; das Spray zur Begrüßung und das Messer als Vorsichtsmaßnahme. Wenn die Flucht vor dem besprühten Widersacher möglich ist, sollte sie genutzt werden. Wenn nicht, hast du beim Einsatz des Messers einen enormen Vorteil. Selbst wenn der Gegner benommen ist, Schmerzen hat und seine Augen kaum aufkriegt darf er auf keinen Fall unterschätzt werden.

Zurzeit darfst du in Deutschland fast alle Formen von Messern besitzen. Mitführen darfst du nur wenige davon. Um ein Messer mitführen zu dürfen, müssen folgende Kriterien erfüllt sein:

1) Feststehende Klingen dürfen eine Maximallänge von 12 cm haben und

2) dürfen nicht zweischneidig sein.

3) Klappmesser dürfen keine Funktion haben, die dafür vorgesehen ist, dass das Messer mit einer Hand geöffnet wird. Du musst also das Messer mit zwei Händen öffnen müssen. Es gibt keine Beschränkung was die Länge einer Klinge des Klappmessers betrifft. Es darf eine Arretierung haben (einen Mechanismus, der die Klinge feststellt,

damit sie wie eine feststehende Klinge behandelt werden kann). Du darfst damit jedes Klappmesser mit dir mitführen, welches du mit zwei Händen öffnen musst.

Springmesser finde ich generell nicht sinnvoll. Wenn es für dich trotzdem eine Option ist: Die Klinge darf beim Springmesser den Griff nur seitlich verlassen (also nicht vorne gerade herausschießen), sie darf maximal 8,5 cm lang sein, sie darf nicht beidseitig geschliffen sein. Das Messer gilt nach deutschem Recht als Waffe und darf nicht mitgeführt werden.

Andere Messerformen (mit Klingenlänge über 12 cm, Einhandmesser, Dolche, Bajonette usw.) darfst gerne besitzen, sie jedoch nur dann mit dir mitführen, wenn du einen vernünftigen Grund dafür aufweisen kannst. Z.B. Outdoor-Sport, Angeln, Jagd, Arbeit usw.

Wie gesagt halte ich das Messer für eine sehr mächtige Waffe und ein gutes Einschüchterungsmittel. Wer würde sich mit dir auf einen Kampf einlassen, wenn er sich ein leichteres Ziel suchen kann?! Ob du mit einem Messer nun drohst oder es sofort einsetzt, musst du im Einzelfall selber entscheiden. Du musst die Situation selber einschätzen. Will er nur deine Brieftasche? Dann brauchst du ihn nicht abzustechen. Will er dich vergewaltigen und danach vielleicht die einzige Zeugin beseitigen? Verteidige dich sofort und ohne Gnade.

Ich bin ein großer Freund davon sich an geltende Gesetze zu halten und empfehle es auch dir nicht, dich mit einem Kampfmesser mit 20-cm-Klinge erwischen zu lassen. Deswegen Suche dir ein Messer (welches du mit dir mitführen darfst) für unterwegs und eine „stärkere“ Waffe für die Heimverteidigung. Z.B. ein Klappmesser für unterwegs und eine Machete für deine Wohnung. Wenn du ein Messer trägst, trage es immer und das an derselben Stelle, damit du reflexhaft darauf zugreifen kannst. Da du es immer tragen solltest (Sobald ich eine Hose an habe, trage ich automatisch ein Messer in der rechten Tasche. Immer.), darf das Messer kein klobiges Monstrum sein. Wenn es zu schwer, sperrig, auffällig oder auf andere Art unbequem sein sollte, wirst du es immer öfter zuhause lassen. Seit Jahren trage ich das „Victorinox Sentinel“, mit einer rasiermesserscharfen Klinge mit mir herum und nutze es täglich als Werkzeug. Es sieht mehr nach Werkzeug aus als nach irgendwas anderem. Ich musste es schon mehrmals Polizisten und bei Kontrollen an Metalldetektoren vorzeigen/abgeben und mir wurde es immer anstandslos zurückgegeben. Jedoch ist die scharfe Klinge genau so gefährlich wie die eines „Kampfmessers“ dieser Größe.

Umgang mit Waffen

Deine Selbstverteidigungsstrategie sollte hauptsächlich auf Hilfsmitteln basieren. Es ist zwar gut sich unbewaffnet verteidigen zu können, aber unbewaffnete Selbstverteidigung stellt nur eine Notlösung dar. Nur wenn du so überrascht wirst, dass du gar keine andere Möglichkeit hast, nutzt du deinen bloßen Körper. Warum solltest du als Frau im Dunkeln über einen leeren Parkplatz marschieren und nicht das geringste Selbstverteidigungsmittel dabei haben? Das macht für mich nicht den geringsten Sinn und du wirst mich deswegen nie ohne Messer und Pfefferspray antreffen. Seine Verteidigungsmittel nutzen zu können ist mindestens genauso wichtig wie unbewaffnet kämpfen zu können.

Der Umgang mit dem Messer

Wenn du beschließt, dass du ein Messer mit dir mitführen möchtest, solltest du damit umgehen können. An sich braucht man relativ wenig Training um sich mit einem Messer verteidigen zu können. Was jedoch sehr unterschätzt und vernachlässigt wird, ist das Ziehen der Waffe. Eine Waffe ist nutzlos, wenn du sie nicht schnell und sicher genug einsatzfähig machen kannst. Übe fünf bis zehn Minuten täglich nur das Ziehen deiner Waffe und du bekommst über Wochen und Monate genug Wiederholungen zusammen, dass du sicher und schnell damit bist. Übe ab und zu vor einem Spiegel um deine eigenen Bewegungen zu kontrollieren. Jedoch solltest du meistens ohne Spiegel trainieren, da man dabei „zu sehr sieht" wo man hin greift. Du musst deine Waffe ziehen, während dein Blick auf den Gegner gerichtet ist. Du hast also die Wahl zwischen einer feststehenden Klinge von maximal 12 cm und einem Klappmesser. „Einhänder" sind leichter du öffnen aber dürfen nicht mitgeführt werden. Messer mit feststehender Klinge sind am schnellsten aber auch klobiger und auffälliger. Du solltest das Messer immer am Körper Tragen und nie in einer Tasche oder Rucksack. Du trägst das Messer an deiner starken Seite irgendwo im Hüftbereich. Klappmesser können z.B. in die Tasche gesteckt werden, sodass der Clip das Messer an der Oberfläche der Tasche hält und verhindert, dass es zu tief hineinrutscht. Du müsstest sonst in der Tasche nach deinem Messer suchen. Außerdem ist es sehr unbequem, wenn ein Klappmesser quer in deiner Tasche herumliegt.

Jetzt kommt der praktische Teil:

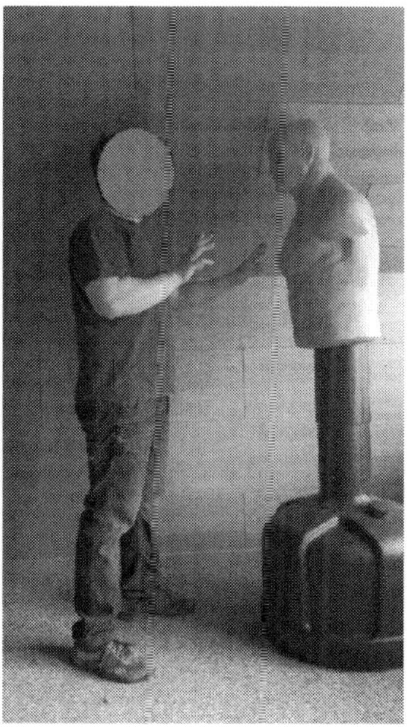

Wenn du nun in einer gefährlichen Situation bist und weißt, dass du dein Messer ziehen musst...

...machst du einen Schritt mit deinem rechten Fuß nach hinten (Wir gehen jetzt mal davon aus, dass du Rechtshänder bist. Wenn du keiner bist, denke bitte um). Der Schritt nach hinten ist eher defensiv.

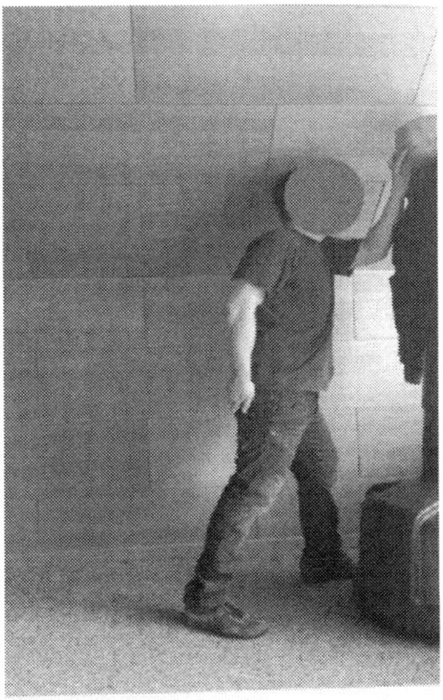

Wenn du extrem offensiv sein musst, machst du einen Schritt mit Links nach vorne auf den Gegner zu.

Letztendlich stehst du mit deinem starken Bein hinten. Während du den Schritt machst, schießt du mit der linken Hand nach vorne. Wenn du zurück gehst (defensiv), dient sie erst mal als Abstandshalter/Schild/Greifwerkzeug. Wenn du einen Schritt auf den Gegner zu machst (offensiv), geht die linke Hand auch nach vorne. In diesem Fall geht sie jedoch in Richtung Gesicht des Gegners. Die Finger bohren sich möglichst in die Augen deines Widersachers und deine Handfläche schiebt sich in sein Gesicht.

Während du den Schritt machst und deine linke Hand vorschnellt, zieht deine rechte Hand deine Waffe. Alle drei Bewegungen müssen gleichzeitig passieren und es darf keine Verzögerungen geben.

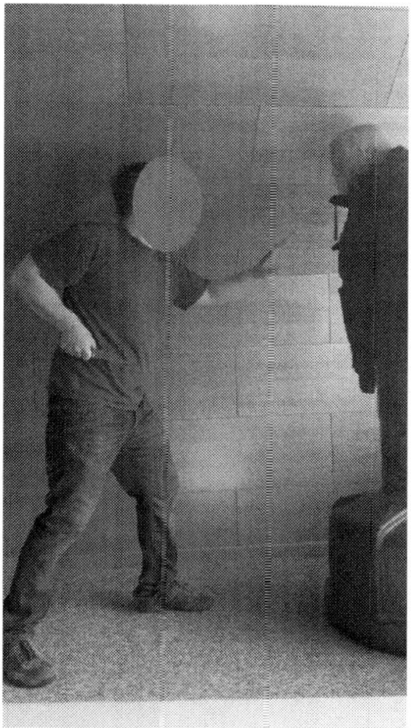

Du stehst nun mit der Waffe in der rechten/hinteren Hand. Deine linke Hand ist vorne. Dein linker Fuß ist vorne und dein rechter Fuß ist hinten.

Von hier aus hast du dann folgende Möglichkeiten:

1) Du bist extrem offensiv und bewegst dich schnell weiter auf deinen Gegner zu. Du verfolgst und bedrängst ihn.

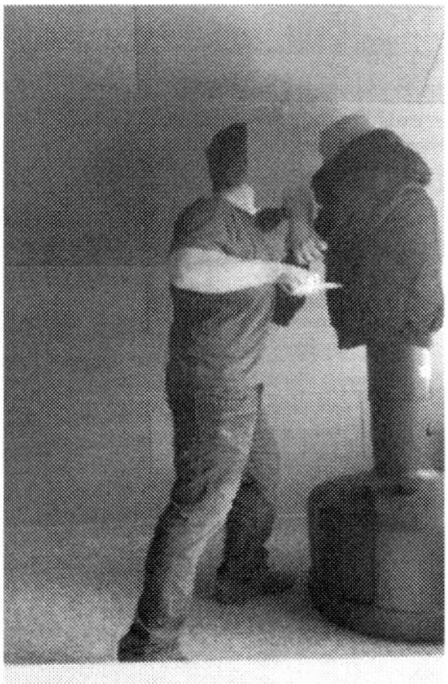

Mit der linken Hand vereitelst du seine Angriffe bzw. hältst ihn fest. Oder greifst ihn mit Fingerstichen zu den Augen an.

Gleichzeitig stichst du so oft wie möglich in seine Bauchgegend. Wenn er diese deckt, wird seine Halsgegend frei und du greifst diese an. Ja, Messerkampf ist widerlich!

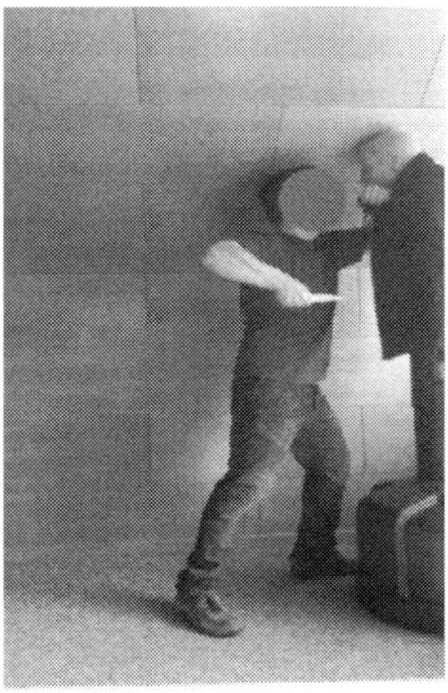

2) Du hältst es noch nicht für nötig ihn dein Messer spüren zu lassen und gehst zurück. Du hältst das Messer demonstrativ so, dass er es sehen kann (aber trotzdem in der hinteren Hand) und schreist ihn an, dass er sich verpissen soll.

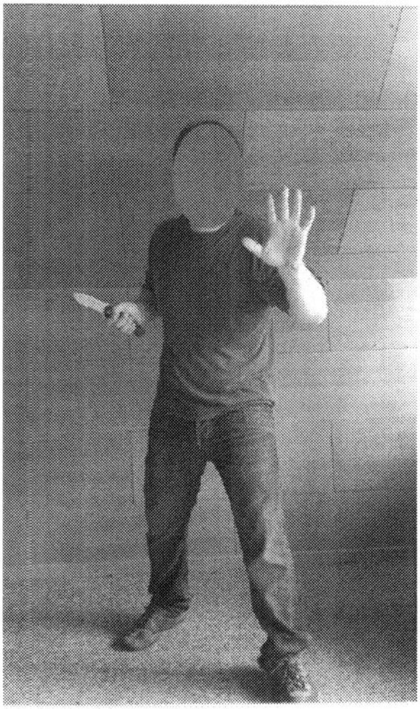

Ein rational denkender Mensch wird nicht weiter versuchen dich zu bedrängen. Wenn du jedoch eine Frau bist oder dem Gegner stark unterlegen bist, könnte er trotzdem etwas versuchen.

3) Sollte der Gegner trotzdem näher kommen und du willst ihn nur auf Abstand halten, schlage mit dem Messer um dich. Es ist purer Wahnsinn einem ein Messer abnehmen zu wollen, der nach einem hackt.
4) Wenn Trotzdem ein Versuch unternommen wird, hacke nach allem, was sich dir nähert. Hände, Füße usw. Rechne damit, dass Dinge nach dir geworfen werden.
5) Sollte Punkt 4 nicht reichen, ist es Zeit für Punkt 1.
6) Wenn du Nach dem Ziehen deines Messers für einen gesunden Abstand gesorgt hast, kannst du mit der linken Hand versuchen dein Pfefferspray zu erreichen.

Das verbessert deine Chancen die Situation ohne Blutvergießen zu beenden.

Es ist wichtig, dass du dein Messer in der hinteren Hand hältst, da dein Gegner versuchen wird es dir abzunehmen. Wenn du es außerhalb seiner Reichweite hast, kann er dich nicht festhalten (weil du dich freischneiden würdest) oder dich schlagen (weil ihn das in die Reichweite deiner Klinge bringt). Je nach Situation könnte es passieren, dass er anfängt mit Stühlen oder Ähnlichem auf dich zu schlagen oder zu werfen. Wenn dies passiert musst du entscheiden, ob du nun wegrennst oder ihn fertig machst. Du darfst dich dann nicht weiter in der Situation aufhalten. Die einzige Situation, in der du das Messer in die vordere Hand nimmst, ist, wenn du gepennt hast und der Gegner ein eigenes Messer gezogen hat. Dies ist nun der Zeitpunkt, an dem du deinen linken Arm als Schutzschild nutzt (vielleicht umwickelst du es vorher mit Kleidung oder nimmst eine Tasche), während dein rechter Messerarm nach dem Gegner sticht und schneidet. Das Messer hast du dabei immer wie einen Hammer in der Hand. Vergiss andere Griffarten mit dem Messer, da sie in ihrem Einsatzbereich sehr eingeschränkt sind und meistens sehr viel geübt werden muss, bis sie wirkungsvoll genutzt werden können. Außerdem kannst du dann provisorische Waffen wie Schraubendreher genau so einsetzen.

Gehe nicht davon aus, dass ein Ziel wie im Film umfällt, nur weil du es einmal gestochen hast. Der menschliche Körper ist wesentlich robuster und je nachdem welche Art von Schaden du verursacht hast, kann es sein, dass es eine Zeit dauert, bis diene Angriffe Wirkung zeigen. Am ehesten wirst du einen Blutverlust erreichen. Dieser braucht jedoch etwas, bis er den Gegner

unschädlich macht. Wenn du kannst, schneide tief in den unteren Bereich des vorderen Oberschenkelmuskels. Dadurch wird sich dein Gegner nicht mehr aufrecht halten können. Weitere gute „Muskel-Ziele“ könnten Bizeps, Trizeps, Unterarme und Schultern darstellen, wobei die Schnitte tief sein müssen um eine sofortige Wirkung zu zeigen. Diese Ziele stellen jedoch eine „Detailarbeit“ dar, die im Messerkampf kaum umsetzbar ist. Wenn du wenig trainierst und nicht regelmäßig Sparring machst, bleibe dabei, dass du den Gegner selber als Gesamtziel betrachtest (Siehe oben Punkt 1).
Wenn du ein Klappmesser mit einer Zweihandöffnung nutzen möchtest, wird das Öffnen des Messers in einer Kampfsituation dadurch erschwert, dass beide Hände am Messer sein müssen.

Eine Lösung kann es sein, den linken Ellenbogen als Schutz nach vorne zu nehmen. Damit schützt du deinen Hals und unteren Kopfbereich.

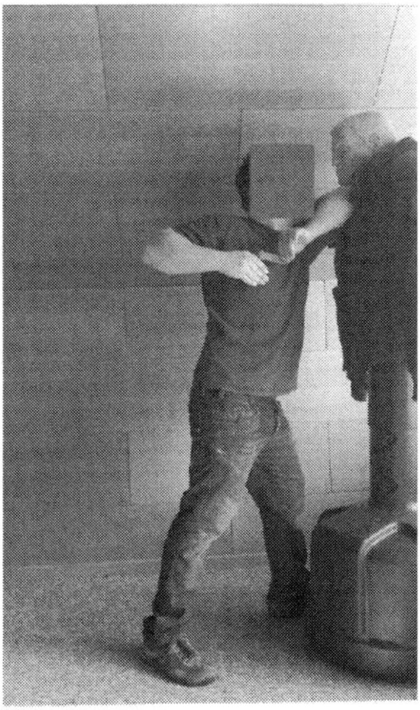

Alternativ kannst du mit dem Ellenbogen in den Gegner hineinschießen. Vorzugsweise ins Gesicht oder den Hals.

Wenn du nun beschließt, dass du einen nahestehenden Gegner mit deinem Zweihandmesser angreifen musst, kannst du ihm einen Fingerstich zum Auge verpassen und dann dein Messer mit beiden Händen öffnen. Dabei stößt du deinen Ellenbogen in seinen Hals. Damit bist du stets offensiv und damit im Vorteil. Und nicht vergessen: Üben, üben, üben!

Der Umgang mit dem Pfefferspray

Das Pfefferspray ist eine weitere sehr sinnvolle Waffe, die du legal mit dir mitführen kannst. Um es noch einmal ganz klar zu sagen: Das Pfefferspray ist kein garantiertes KO-Mittel. Das bedeutet, dass es sein kann, dass das Ziel vor Schmerzen und Atemnot zusammenbricht und seine Augen nicht mehr aufbekommt. Es kann aber auch sein, dass das Ziel trotz

Schmerzen und eingeschränkter Sicht weiter angreift. Das Pfefferspray ist damit nur ein Vorteil, den du dabei haben kannst. Dieser Vorteil sollte jedoch ausreichen um dir die Flucht zu ermöglichen oder die Sache anders zu beenden. Grundsätzlich ist der Einsatz des Pfeffersprays ähnlich dem des Messers. Du solltest es irgendwo im Hüftbereich deiner starken Seite tragen. Sobald du meinst es ziehen zu müssen, gehst du mit rechts (ich gehe wieder vom Rechtshänder aus) zurück, bewegst gleichzeitig deinen linken Arm als Schutz nach vorne und ziehst das Spray.

Sollte das Ziel auch nur ansatzweise eine Bewegung auf dich zu machen, solltest du es vollsprühen und auf Abstand bleiben. Vermeide Kontakt zum Ziel. Sollte es nötig sein, dass du dich danach körperlich gegen das Ziel verteidigen musst, vermeide es, dass du mit dem Spray kontaminiert wirst. Vermeide es danach auch dir im Auge zu reiben und in der Nase zu bohren.

Der Umgang mit Stock/Machete

Solltest du Stock oder eine Machete in dein Heimverteidigungssystem übernehmen, wäre es auch in diesem Falle ganz gut, wenn du damit vorher etwas geübt hast. Beide Waffen sind ähnlich einsetzbar. Eine Machete ist am besten als Hackwerkzeug einsetzbar, hat aber auch eine stumpfe Seite. Je nach Gewicht und Länge der Machetenklinge kann sie sehr effektiv als stumpfe Schlagwaffe eingesetzt werden.

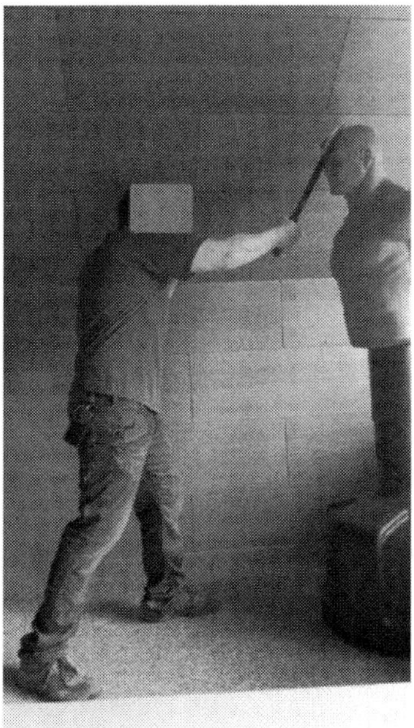

Wenn es also nicht nötig ist jemanden in Stücke zu hacken, du aber darauf bestehst ihn zu verdreschen, brauchst du nur die Waffe um 180 Grad zu drehen, sodass die Schneide nach oben zeigt.

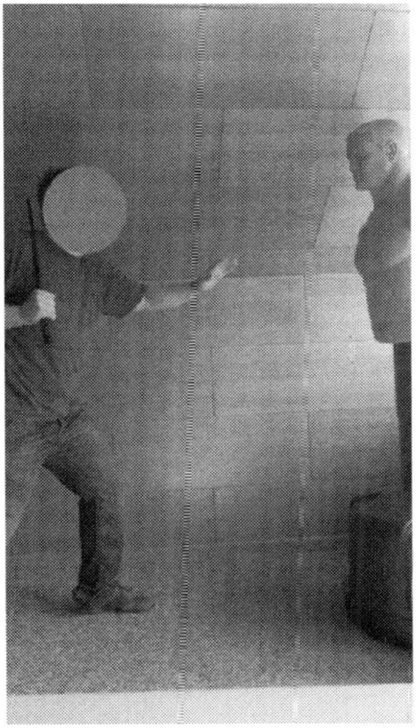

Der Stand ist im Optimalfall ähnlich wie beim Messerkampf oder dem Einsatz des Pfeffersprays. Du stehst mit links vorne und hältst die linke Hand als Abstandshalter/Waffe vor dir. Der/die Stock/Machete ist hinten in Schulternähe.

Sobald sich ein Ziel in Reichweite begibt, schlage danach. Nach dem Schlagen solltest du entweder ein zweites mal schlagen oder die Waffe SOFORT in die Ausgangsposition bringen. Übe besonders das blitzschnelle Schlagen und das Zurückziehen der Waffe in die Ausgangsposition.

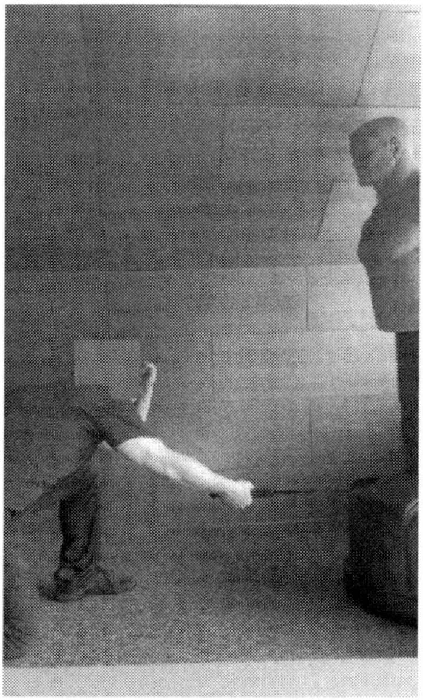

Übe auch das Heruntergehen in die Kniebeuge um deine Höhe zu variieren.

Dann kannst du leichter die Beine angreifen.

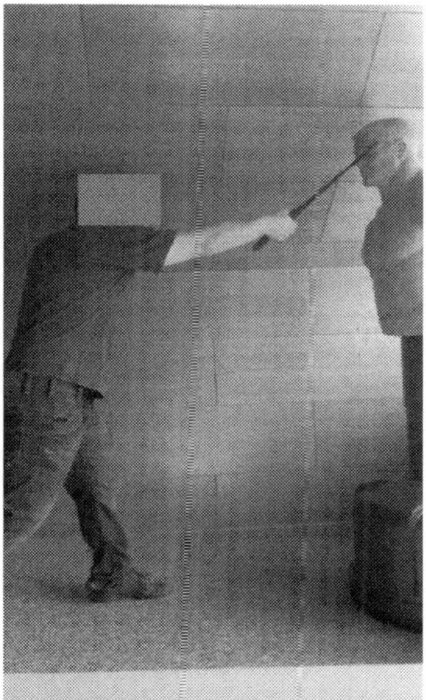

Du brauchst keine fantasievollen Wirbeltechniken mit der Waffe zu können um kämpfen zu können. Der wichtigste Schlag ist der intuitive Schlag aus der Ausgangsposition. Von der rechts oben nach links unten (**Schlag #1**).

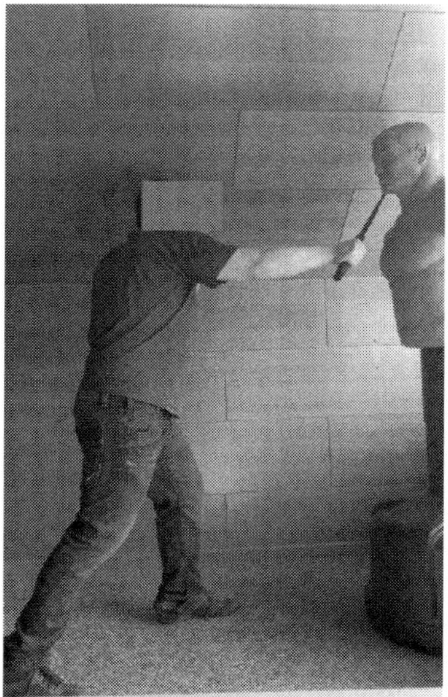

Der zweite wichtige Schlag ist von links oben nach rechts unten (**Schlag #2**).

Der dritte ist von links unten nach rechts oben (**Schlag #3**).

Klar solltest du dich nicht krampfhaft auf diese Schläge versteifen und so angreifen, wie es gerade passt. Stiche kannst du ja z.B. auch machen. Aber der Schwerpunkt deines vereinfachten Stock-/Macheten-Kampfsystems sollte aus diesen drei Angriffen bestehen, da sie sehr gut aus dem oben beschriebenen Stand heraus gestartet werden können.

- Du schlägst z.B. #1, sofort gefolgt von #3. Damit bist du wieder in der Ausgangsstellung.
- Du schlägst z.B. #1, ziehst die Waffe hoch und schlägst sofort #2. Du ziehst die Waffe hoch und bist wieder in der Ausgangsstellung.
- Du schlägst z.B. #1, dann wieder #1, dann wieder #1...
- Du gehst etwas mit dem Körper etwas runter und schlägst mit #1 zum Knie (Stock)/Oberschenkel (Machete) des Gegners

Bewege dich immer schnell und schlage so fest du kannst. Die Angriffe müssen so schnell wie möglich aufeinanderfolgen. Passe deine Distanz deinem Gegenüber an. Er wird versuchen dir die Waffe zu entreißen. Wenn du kannst, greife deinen Gegner mit Fingerstichen zu den Augen an. Wenn er dich zu fassen bekommt, versuche deine Hüfte nach hinten zu bewegen. Dabei schaffst du Platz den du nutzen solltest um zu den Knien des Gegners zu schlagen. Wenn dies nicht mehr gelingt, lass den Stock fallen und zieh dein Messer...wenn du eins trägst.

Unbewaffnete Selbstverteidigung

Solltest es dazu kommen, dass du dich **unbewaffnet** gegen jemanden verteidigen musst, wird vorher einiges schief gelaufen sein. Deswegen musst du nun alles nutzen, was dir einen Vorteil bringt. Provisorische Waffen finden sich fast überall. Fast jedes Werkzeug kannst du entweder als „Stock“ oder „Messer“ nutzen. Dreck kann gerne in die Augen des Gegners geworfen werden. Du trägst einen heißen Kaffee in einem Coffee to Go-Becher? Dann nimm den Deckel ab, wenn sich Schwierigkeiten anbahnen. Kochend heißer Kaffee im Gesicht des Gegners ist eine gute Ablenkung. Solltest du Stühle benutzen, halte die so, dass immer zwei Beine auf den Gegner zeigen. Überlege einfach mal wovon du so den ganzen Tag umgeben bist. Auf der Arbeit, unterwegs, in deiner Freizeit usw. Werde kreativ und mache dir jetzt schon mal Gedanken darüber, was man wie als Waffe nutzen könnte. Nimm mal was in die Hand und spiele damit etwas herum.

Solltest du komplett überrascht werden und auf einmal jemandem gegenüber stehen, der kurz davor ist gewalttätig zu werden, dann versuche zu deeskalieren. Zumindest solltest du so tun als ob. Deine beiden Hände sind dann oben und deine Handflächen zeigen auf den Gegner.

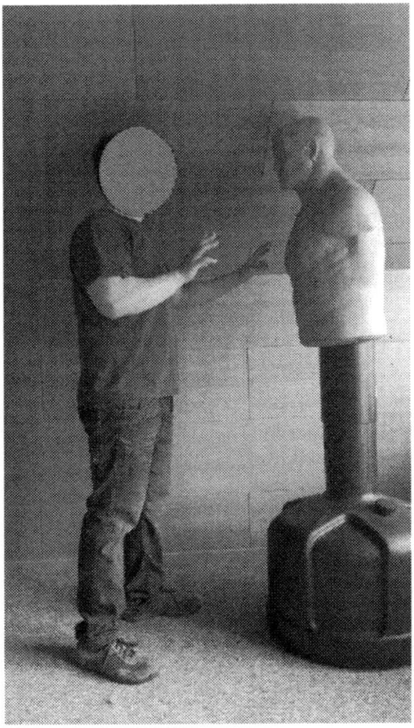

Die linke ist weiter vorne und hat viele Funktionen.

- Erstens dient sie als Abstandshalter zum Gegner. Klar wird er sie ab einer gewissen Nähe wegschieben, aber du kannst dabei einen Schritt zurück gehen und die Hand wieder vorne positionieren. Dies verbessert allgemein deine Kontrolle über die Mindestdistanz zum Gegner. Wenn du deine Hände weiter hinten oder unten hättest, wäre nichts da und er hätte keinen physischen Grund die Mindestdistanz zu halten. Das Resultat wäre eine Face-to-Face-Situation, die wir unbedingt vermeiden sollten. Wenn jemand zehn Zentimeter vor deinem Gesicht steht, wirst du seinen Schlag nicht kommen sehen.

- Zweitens kannst du mit einer vorgeschobenen Hand sehr viel leichter Schläge abwehren.
- Drittens hast du damit bereits eine Waffe (deine Finger) in die Nähe eines Ziels (seine Augen) bewegt.

Die rechte Hand sollte auch deeskalativ wirken, jedoch weiter hinten sein. Sie kann auch dazu dienen mögliche Schläge abzuwehren. Ihre Hauptfunktion ist jedoch der Angriff. Da sie weiter hinten ist, kannst du sehr verheerende Angriffe aus dieser Position starten.

Deine Beine sollten so positioniert sein, dass dein linker Fuß vorne steht und dein rechter weiter hinten. Das ganze muss natürlich aussehen. Über es vor dem Spiegel.

Insgesamt erlaubt dir der Stand ein sehr hohes Maß an Kontrolle über die Situation und besonders den Raum zwischen dir und einem Gegner. Du erscheinst als unterlegener Schlappschwanz. Dies führt dazu, dass das Ego des Gegners steigt, wobei seine Vorsicht vor dir sinkt. Je nach Situation werden entweder mehr oder weniger Worte ausgetauscht. Du wirst z.B. nach einer Zigarette gefragt, du hast keine, das dient als Vorwand um dich anzugehen usw. Irgendwann wird es dann dazu kommen, dass der Gegner genug von dem „aufbauenden“ Interview hat und schlägt. DAS DARF NICHT PASSIEREN!!! Wenn du merkst, dass es nur noch eine Sache der Zeit ist, sagst du nur noch deinen „Aktivierungssatz“ und schlägst als erster zu. Der Aktivierungssatz ist ein Satz, den du in dein Training einbaust. Du übst also deinen Erstschlag und sagst jedesmal diesen Satz direkt davor. Es könnte z.B. eine Frage sein. „Kennst du Frank?“, „Wie heißt du eigentlich?“. Direkt nach der Aussprache schlägst du sofort los. So banal das klingt, kann ein Mensch nicht anders als tatsächlich über die Frage nachzudenken. Ob er

nun darauf antworten würde oder nicht, er würde über die Frage nachdenken. Dies nimmt ihn für einen Bruchteil einer Sekunde aus der Situation und macht ihn unaufmerksam. Wenn du eine Frage stellst und Sekunden verstreichen lässt, macht es keinen Sinn. Du musst **sofort** losschlagen. Deswegen muss das ganze oft geübt werden. Wenn du einen Erstschlag übst, frage jedesmal die selbe Frage. Es wird irgendwann zusammengehören und dein Angriff startet automatisch.
Als Erstschlag bieten sich zahlreiche Angriffe an. Sinnvoll ist es wenn du dir zwei heraussuchst und diese so oft übst, wie es geht. Es kann ein rechter Haken sein, eine rechte Gerade, ein Schlag zum Kehlkopf, Fingerstiche mit der linken Hand zu den Augen, Ellenbogenschläge usw. Wenn du noch keinen Kampfsport trainiert hast, empfehle ich dir:

Augenstiche: Die Augen sind das wichtigste Ziel im Nahkampf. Sowohl als Kampferöffnung als auch im Kampf sind sie wahrscheinlich das beste Ziel, das du treffen kannst. Der Fingerstich zum Auge ist auch eine der einfachsten Techniken, die es gibt. Stich einfach zu.

Das bedeutet nicht, dass du deine Finger steif und gerade hältst und diese senkrecht ins Auge stichst. Dabei würdest du dich selber verletzen. Lasse es eher eine natürliche Bewegung sein. Male dir einen Punkt auf einer harten Oberfläche und „stich“ mit deinen Fingern auf diese Stelle. Übe dies ganz entspannt und anfangs locker und mit wenig Druck. Mit der Zeit wirst du ein Gefühl dafür bekommen und du kannst die Geschwindigkeit und Intensität steigern.

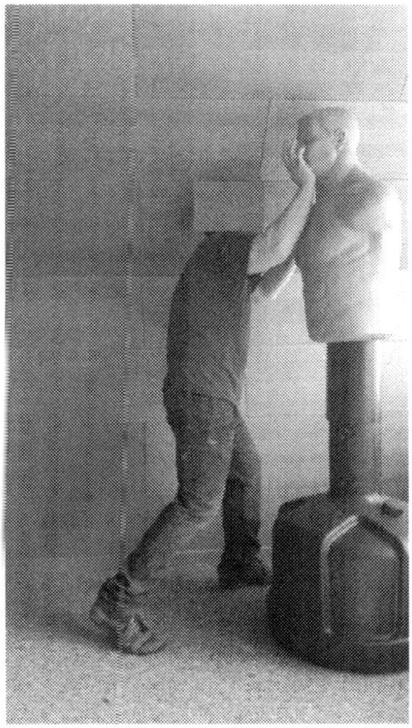

Kinnstoß mit dem Handballen: Dabei stößt du deinen Handballen von möglichst unten gegen das Kinn des Gegners.

Das ist kein kurzes Anstoßen und wieder Zurückziehen. Das ist ein Kampfabschluss. Du versuchst das Kinn des Gegners durch den Kopf hindurch zu schieben.

Diese beiden Techniken musst du beherrschen. Sie sind nicht dafür gedacht, dass du damit dein Ego verteidigst. Sie sind so gefährlich, wie sie einfach sind und sollten nur dann eingesetzt werden, wenn du davon ausgehst, dass du sonst im

Krankenhaus landest oder schlimmer. Du kannst sie in Kombination Schlagen. So wie der Boxer mit seiner Führhand schlägt und dann sofort mit einer harten Geraden mit seiner hinteren folgt, gibst du einen Fingerstich zu den Augen und folgst mit einem Kinnstoß.

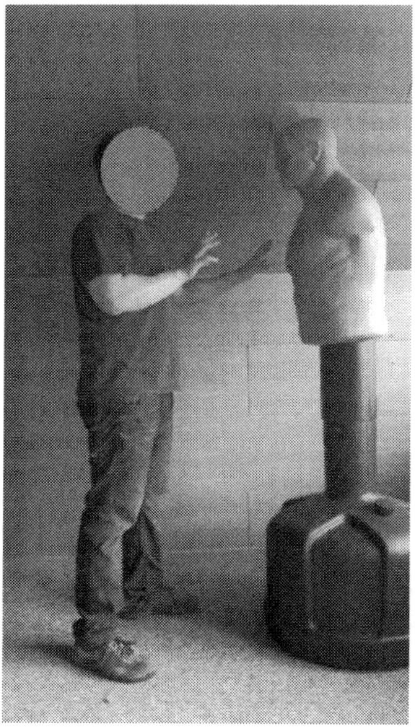

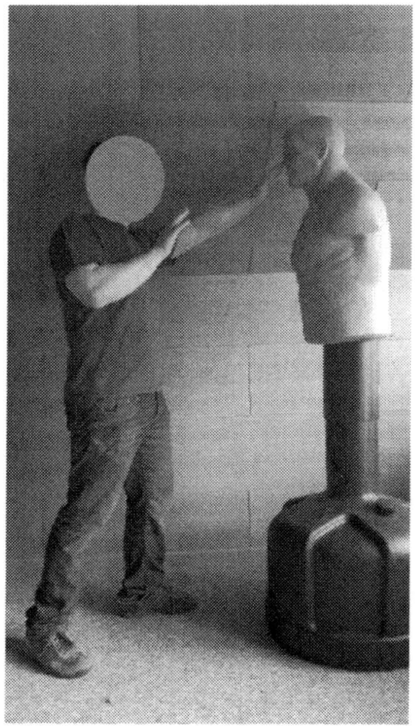

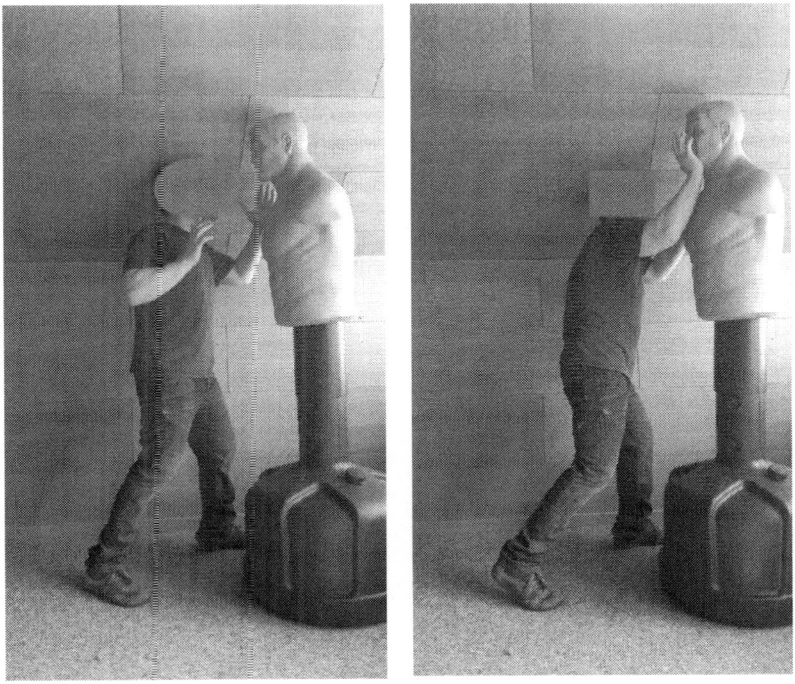

Wenn du triffst, wirst du fast jeden sofort kampfunfähig machen. Damit du triffst, musst du üben.
Sage deinen „Satz“ und schieße dann mit deiner Aktion heraus. Z.B.: „Kennst du Frank?“ und SOFORT machst du einen Kinnstoß so stark wie du kannst.

Natürlich sind die oben beschriebenen Dinge eine extrem kurze Zusammenfassung der wichtigsten Grundlagen und kein Allheilmittel. Jedoch wirst du auf Grund der Flexibilität der oben beschriebenen Techniken (Messer, Gasspray, Stock, Machete, unbewaffnet) auf viele Situationen besser vorbereitet sein, wenn du diese übst und dir auch Gedanken machst, wie du sie in abgewandelten Situationen einsetzen könntest. Z.B.: Der Gegner hält dich am Kragen fest –> Fingerstich bzw. Kinnstoß.

Der Gegner steht und du sitzt –> Kinnstoß beim Aufstehen. Der Gegner würgt dich am Boden -> Augenstiche.

8. Zuhause

Der sicherste Ort, an dem du in einer Krise sein kannst, ist deine Wohnung oder dein Haus. Du kennst dich da aus, du kennst die Gegend, hast die meisten deiner Vorräte dort, hast Strom, fließend Wasser, Telefon usw.

Dummerweise ist es auch anderen klar und deswegen werden in Ausnahmesituationen Leute versuchen in diese geschützten Bereiche zu gelangen um dir das zu nehmen, was du hast. Egal ob Einbruch oder gewaltsames Eindringen – du musst dich davor schützen. Die Wirtschaftskrise in Argentinien hat gezeigt, dass die Häuser der Leute zu beliebten Zielen werden, sobald Menschen verzweifelter werden. Die zuverlässigsten Mittel dies abzuwehren ist es das ganze von vornherein zu Verhindern. Wenn du ein Einbrecher oder Eindringling wärst, würdest du dir zufällig ein Haus aussuchen und sagen: „Das raube ich jetzt mal aus!"? Nein, du würdest ein lohnenswertes Ziel aussuchen. Besonders wichtig wäre dir dabei nicht von der Polizei erwischt zu werden. Du müsstest möglichst unsichtbar und leise sein können. Welches Haus würdest du also wählen? Du würdest das auswählen, bei dem du nur einen kleinen Zaun überwinden müsstest – am besten ohne, dass Nachbarn dies sehen. Optimal wäre es, wenn du im Dunkeln um das Haus herumschleichen könntest um zu prüfen ob ein Fester, die Kellertür usw. als Eingang genutzt werden könnten. Fenster, durch die du sehen kannst, sind dabei praktisch. Vielleicht hast du es ja auch schon vorher geprüft und müsstest dich jetzt an die Arbeit machen, dies zu öffnen und einzusteigen. Bei der ganzen Geschichte musst du, wie schon gesagt, unsichtbar und lautlos bleiben.

Es ist ja schön beim Sonnen und Grillen im eigenen Garten nicht von den Nachbarn oder von vorbeigehenden Passanten beobachtet zu werden, jedoch lädt dies auch unwillkommenen Besuch ein. Oft höre ich man solle möglichst wenig zeigen, weil der mögliche Einbrecher dein Grundstück nicht auskundschaften soll. Er wird es so oder so tun. Bei dir und bei deinen Nachbarn. Deswegen ist es besser eine weit einzusehende Fläche um dein Haus zu haben. Wenn der Einbrecher weiß, dass er erst mal über einen 1,50m hohen Maschendrahtzaun klettern muss, sich dann einige Meter auf offenem Gelände (Rasen) bewegen muss, wobei durch Bewegungsmelder gesteuerte Lampen angehen, wird er sich mit ziemlicher Sicherheit ein leichteres Ziel aussuchen. Je weiter also die Krise voranschreitet, desto eher sollte die Fläche um dein Haus herum so aussehen. Wenn die Einbruchzahlen in deiner Stadt und besonders deiner Gegend plötzlich ansteigen, empfehle ich dir damit anzufangen deine Sichtschutz-Sträucher abzusägen. Installiere Beleuchtung um dein Haus. Diese Sollte durch Bewegungsmelder aktiviert werden. Achte darauf, dass Bewegungsmelder und Lampen so hoch hängen, dass sich nicht einfach gedreht oder zerschlagen werden könne. Lasse keine Hilfsmittel (z.B. Leitern) herumliegen. Vielleicht installierst du auch einen Panikschalter in deinem Schlafzimmer. Wenn du nachts verdächtige Geräusche hörst oder etwas siehst, betätigst du ihn woraufhin alle Lampen um dein Haus angehen. Dies wird jeden normalen Menschen, der sich an deinem Haus befindet, in die Flucht schlagen. Deutlich sichtbare Beleuchtung, sowie Bewegungsmelder, einsehbare Flächen usw. werden die meisten Menschen eh von vornherein davon abhalten dein Haus als Ziel auszuwählen. Selbstverständlich ist es nur theoretisch ein Haus zu haben, das nur von einem Zaun und Rasen umgeben ist. Es gibt Schuppen, Gartenhäuser, Bäume, Büsche usw. Man kann nicht alles plattmachen. Eine gute

Möglichkeit besonders Türen und Fenster (von Wohnhaus, Garage, Gartenhaus, Eingangspforte usw.) zu „sichern", ist es jeweils einen kleinen Türalarm anzubringen.

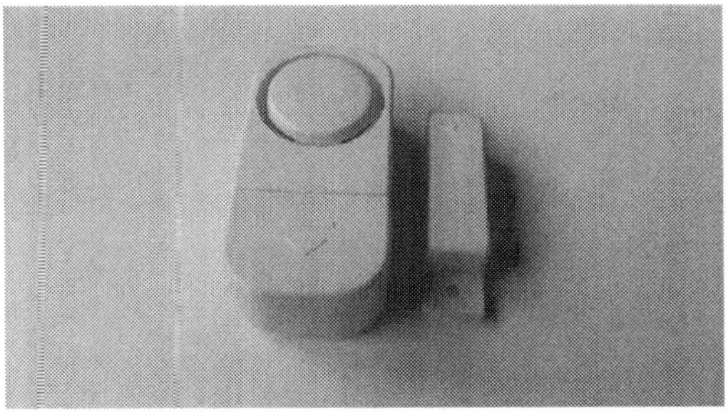

Das sind sehr günstige und sehr laute, kleine Geräte. Diese bestehen aus zwei kleinen Teilen. Das erste Teil wird an eine Fläche neben der Tür bzw. Fenster geklebt, das andere Teil wird am Fenster bzw. Tür selber befestigt. Sobald die Tür bzw. Fenster geöffnet wird, trennen sich die beiden Teile und es wird ein sehr lauter, nerviger Ton abgegeben. Sinnvoll könnte es auch sein den Kontakt, der an die Tür geklebt werden soll, nur auf die Tür aufzulegen und nicht zu kleben. Sobald die Tür geöffnet wird, geht der Alarm los, weil kein Kontakt zwischen den beiden Teilen besteht. Wenn jedoch nun versucht wird die Tür zu schließen, wird der auf der Tür liegende Kontakt herunterfallen und der Alarm kann nicht mehr so leicht abgestellt werden und erzeugt minutenlang Aufmerksamkeit.

Eine weitere interessante Einsatzvariante dieser Türalarme ist es diese als „**Buschalarmanlage**" zu nutzen. Mit dieser Methode kannst du Stellen und Bereiche sehr kostengünstig und mit wenig Aufwand mit einem Alarm versehen. Dafür nimmst du einen der oben beschriebenen Türalarme, befestigst eine dünne Schnur (Angelschnur, Zahnseide, Draht usw.) an jedes der beiden Teile aus denen das Alarmgerät besteht. Dann verbindest du diese beiden Teile mit einem Gummiband miteinander, sodass der Kontakt dazwischen geschlossen ist.

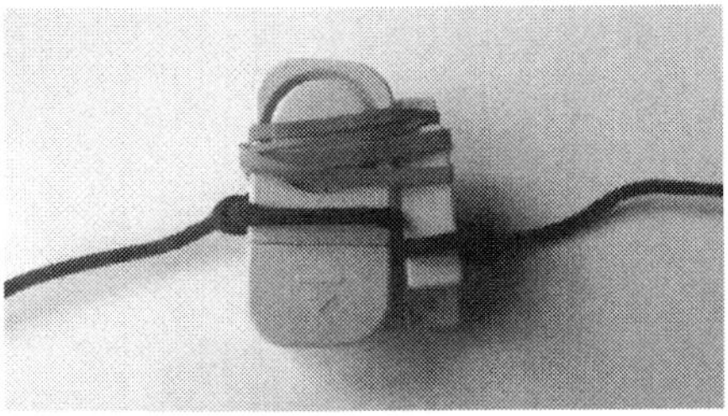

In diesem Fall habe ich aus Demonstrationszwecken eine sehr dicke Schnur genommen. In der realen Anwendung solltest du sehr dünne Schnur nehmen. Je nach Situation könnte man Angelschnur, Zahnseide oder Synthetiknähgarn (in allen Farben) wählen.

Dann bindest du das Gerät mit der einen Schnur an einen Baum, Busch oder was auch immer. Die andere Schnur dient dann als „Falle“ und wird an einen anderen Baum einige Meter weiter gebunden. Wenn dann jemand dazwischen hindurchgeht, reißen die beiden Teile des Alarmgerätes auseinander und erzeugen den Alarmton. Dabei sind einige Punkte zu beachten:

- Befestige die Geräte unsichtbar und regendicht. Du kannst das Gerät an einem Busch platzieren, gedeckt durch Blätter und eine farblich passende Plastiktüte.
- Befestige diese Geräte so, dass du sicher bist, dass es nicht durch eine Katze oder andere Tiere ausgelöst wird. Es sollte ca. in Oberschenkelhöhe angebracht sein.
- Spanne die Schnur so auf, dass sie unsichtbar ist. Sie soll am Tage durch Auskundschaften von außerhalb deines Grundstückes unsichtbar sein. Nachts ist die Sichtbarkeit der Schnüre kein Problem.

- Experimentiere etwas mit der Verbindung der Alarmanlagenteile durch das Gummiband. Es muss die Teile sicher halten, darf jedoch nicht so viel Widerstand erzeugt werden, dass der Eindringling den Faden spürt und stoppt, bevor er den Alarm auslöst.

Somit kannst du sehr einfach, billig und schnell Bereiche absichern. Du kannst Teile deines Grundstücks, ein Camp im Wald, Teile von Gebäuden usw. mit Alarm sichern. Voraussetzung ist natürlich, dass du es vorher mal ausprobiert hast und ein Gefühl dafür entwickelst, wie und wo die Teile am besten anzubringen sind.

Lass uns nun ins Innere deiner Wohnung/deines Hauses gehen. Du möchtest verhindern, dass jemand in dein Haus eindringt und dir was wegnimmt. Schlimmer wäre es, wenn dir jemand was antut. Das eine geht mit dem anderen leider Hand in Hand. Es gibt mehrere Arten von Einbrechern/Eindringlinge; die Mehrzahl will, dass du nicht da bist, während sie dein Haus/Wohnung betritt, die anderen rechnen mit/hoffen auf deine Anwesenheit. Sich gegen den ersteren zu schützen wurde oben beschrieben. Wenn er beim Einbrechen Krach und Licht macht, könnte ihn das abschrecken. Wenn er weiß, dass jemand im Haus ist, könnte ihn das abschrecken. Neugierige Nachbarn, Hunde, wehrhaft aussehende Personen im Haushalt usw. konnten ihn abschrecken. Ich sage bewusst „könnte", weil das alles keine Garantie darstellt. Es ändert nur die Wahrscheinlichkeit zu deinen Gunsten. Dein Haus muss im Prinzip ein härteres Ziel sein als die Häuser nebenan. Sehr problematisch wird es, wenn du für einige Tage abwesend bist. Es gibt oft banale Tipps von Polizei und Co. für diese Situationen, auf die man auch von selbst mit gesundem

Menschenverstand kommt; lasse nichts draußen herumstehen (z.B. die Mülltonne, weil man sieht ob sie seit der letzten Abfuhr noch da steht), lasse Zeitungen von Nachbarn aus dem Postkasten holen usw. Das sind alles sinnvolle Tipps, die die Wahrscheinlichkeit senken, dass bei dir eingebrochen wird, aber es ist wiederum kein Garant, weil viel Einbrecher sehr professionell vorgehen und es merken werden, wenn deine Anwesenheit nur vorgespielt ist. Das sicherste Mittel nicht alles zu verlieren, wenn bei dir eingebrochen wird, ist es deine absolut wichtigsten Wertsachen zu verstecken. Dies kann im Haus passieren und außerhalb deiner vier Wände. Vergiss blödsinnige Verstecke wie im Kühlschrenk, in der Unterhosenschublade oder unter der Matratze. Das macht überhaupt keinen Sinn. Dein Versteck darf nicht ohne Werkzeug erreichbar sein. Verstecke dein Geld also nicht in einer Schublade, in einem Buch oder hinter einem Bild. Vergiss auch diese Attrappen, wobei ein Versteck so aussieht wie eine Cola-Dose oder ähnliches. Du musst tatsächlich etwas in deiner Wohnung auseinandernehmen, wenn du dein Geld effektiv verbergen willst. Suche dir z.B. ein Möbelstück mit dicken Wänden. Wenn du IKEA-Möbel hast, weißt du was ich meine. Schraube eine Wand ab und bohre darin ein Versteck rein. Dann deponierst du dort dein Geld und schraubst das Möbelstück wieder zusammen. Dabei darf es nicht so aussehen, als hättest du daran herum gewerkelt. Dies kann mit dem Bett geschehen, mit Schränken, Regalen, Türen usw. Theoretisch müsste der Einbrecher dann deine komplette Einrichtung umzugsfertig auseinanderschrauben um an dein Geld zu kommen. Vergiss es auch teure Elektrogeräte auseinanderzuschrauben um darin Geld zu verstecken. Wenn diese geklaut werden, ist das Geld auch weg. Nimm lieber deine Wohnung auseinander. Kannst du deinen Fußboden an einer Ecke anheben? Vielleicht wenn du die Leisten an der Wand entfernst? Vergiss auch Stellen, die offensichtlich dazu gemacht sind, dass man diese öffnen kann. Z.B. Wasserspülungen oder diese Öffnungen an Dusche oder Badewanne. Schraube lieber die Stange ab, an der dein Duschkopf befestigt ist und stecke dein Geld dort hinein. Es gibt ein Sprichwort, das besagt, dass der schlaue Vogel nicht alle Eier in ein Nest legt. Dies ist auch beim Verstecken von Wertsachen richtig. Es ist dumm, wenn jemand ein Versteck findet und du verlierst ein Drittel deiner Ersparnisse. Es ist jedoch noch unangenehmer wenn deine Kompletten Wertsachen durch einen Glückstreffer des Einbrechers verschwinden. Verteile deine Sachen je nach Situation auf mindestens drei gute Verstecke.

Wenn der letzte die Wohnung oder das Haus verlässt, sollten möglichst viel Türen abgeschlossen sein. Damit trennst du Keller, Erdgeschoss usw. voneinander und erschwerst das Durchqueren des Hauses. Halte die Haustür ausnahmslos IMMER abgeschlossen. Es ist sehr einfach eine zugefallene Tür zu öffnen. Du möchtest schließlich nicht auf dem Klo sitzend feststellen, dass gerade jemand deine Wohnung betreten hat. Und dass du bauliche Maßnahmen ergreifen kannst, um Türen, Fenster usw. weiter zu festigen und einbruchsicher machen kannst, muss ich dir bestimmt nicht sagen.

Lass uns nun die Zweite Art des Eindringlings behandeln. Das ist der, der kein Problem damit hat, dass du zuhause bist. In manchen Fällen ist es sogar beabsichtigt. Was bei uns in Europa eher unnormal ist, ist in anderen krisengebeutelten Staaten eher an der Tagesordnung. Es ist das Eindringen in deine vier Wände, wobei du ausgeraubt, vergewaltigt, zusammengeschlagen und/oder ermordet wirst. Es ist ein

Phänomen, das sich z.B. in Argentinien stark entwickelt hatte, nachdem viele alles verloren haben und nun „nichts mehr zu verlieren haben“. Wenn so etwas passiert, dann eher in abgelegeneren, ländlichen Gegenden, wo „dich keiner schreien hört“. Es ist aber auch schon in Großstädten vorgekommen. Fühle dich also nicht sicher, nur weil du in einem Mehrparteienhaus lebst. Dabei gibt es drei grundlegende Möglichkeiten, an die du denken solltest.

1. Gewaltsames Eindringen, wenn du im Haus bist. Es wird an der Tür geklingelt, du machst auf und bekommst die Tür durch Einen tritt ins Gesicht.
2. Nachhause verfolgt werden. Du fährst nachhause, steigst aus dem Auto heraus und willst in dein Haus. Plötzlich stehen welche hinter dir an der Haustür.
3. Du kommst nachhause und dir wird im Haus oder im Hof aufgelauert.

Lass uns die drei Möglichkeiten näher betrachten. Das Gewaltsame Eindringen wenn du anwesend bist kannst du je nach Situation entweder von vorne herein verhindern oder musst es erschweren bzw. dich zurückziehen. Damit meine ich folgendes: Wenn du ein Grundstück hast, hast du die Möglichkeit an deinen Sträuchern die oben beschriebene „Buschalarme“ anzubringen. Diese warnen dich vor und können Eindringlinge in ihrem Plan stören. Solltest du in einer schweren Zeit/Gegend leben und es klingelt an der Tür, dann mache sie nicht einfach auf. Schaue erst durch den Spion. Wenn du keinen hast, guck aus dem Fenster oder frage wer da ist. Selbst mit eingelegter Türkette solltest du nicht aufmachen; sonst bekommst du einen Fuß in die offene Tür, ein Bolzenschneider fährt hinein und kappt die Kette. Wenn du die Leute nicht kennst, mache nicht auf. Wenn du die Handwerker nicht kennst, mache nicht auf. Mache auch nicht auf, um dem Pizzafahrer zu erklären, dass Herr Weber dein Nachbar ist und er einmal abbiegen muss um ihm seine Pizza zu bringen. Selbst wenn es ein Mädchen ist, das nachts nur mal telefonieren muss... dann lass ihr den Hörer meinetwegen aus dem ersten Stockwerk runter, aber mach nicht auf! Ich glaube du hast das Prinzip verstanden.

Die andere Form des Eindringens, wenn du anwesend bist, besteht darin, dass jemand deine Tür eintritt. Da musst du wieder sehen wie und wo du lebst. Wenn du in einem Mehrparteienhaus lebst, solltest du dafür sorgen, dass die äußere Tür immer zu ist. Wenn du ein Haus hast, könntest du es durch „Buschalarme" und Türalarme vorher merken. Zusätzlich gibt es zahlreiche Hilfsmittel auf dem Markt, mit denen man den Einbruch durch eine Wohnungstür erschweren kann. Gib Suchbegriffe wie „Doorjammer", „Türriegel" oder „Türkralle" bei Amazon ein. Wenn du improvisieren musst, dann baue dir etwas, was Bretter von deiner Tür zur gegenüberliegenden Wand verlaufen lässt. Damit wird Druck von der Tür über die Bretter an die Wand abgegeben. Lasse dir aber auch gesagt sein, dass kein System ein gewaltsames Eindringen verhindern wird. Es wird nur deutlich erschwert. Wenn du die Möglichkeit zur Flucht hast, nutze sie. Wenn du nicht fliehen kannst, nimm deine Waffe und mache dich auf einen Kampf gefasst. Überlege dir jetzt: Was würdest du greifen um gegen jemanden zu kämpfen, der deine Tür aufbricht? Was würdest du aus dem anderen Raum machen? Was hättest du in der Küche? Wenn du die Möglichkeit hast, solltest du in jedem Raum eine Dose Pfefferspray und eine Waffe aufbewahren (mit der du auch umgehen kannst). Es ist zwar gut, wenn du Spray und eine Waffe im Schlafzimmer hast, aber fatal wenn du erst dort

hinrennen musst, um sie zu erreichen. Das Spray ist nur eine pauschale Antwort auf das unerlaubte Eindringen und soll deine Position verbessern. Die Waffe erledigt gegebenenfalls den Rest oder du fliehst. Sollte die Waffe nicht nötig sein, ist es umso besser. Den Einsatz des Pfeffersprays kannst du definitiv vor Gericht begründen.
Kommen wir nun zum zweiten Punkt. Es kann passieren, dass Übergriffe stattfinden, nachdem du nachhause verfolgt wurdest. Voraussetzung ist natürlich, dass du vorher irgendwo warst und durch etwas aufgefallen bist. Du hast vielleicht im Supermarkt bezahlt und hast einen Haufen Fünfziger vorgezeigt, du hast eine Menge Geld abgehoben, du führst einen schicken Wagen, der sagt „Er/Sie hat Kohle“ usw. Die beste Methode, um solche Situationen zu umgehen, ist es sich unauffällig zu verhalten und nicht anders auszusehen als andere. Wenn du meinst verfolgt zu werden, dir aber nicht sicher bist, biege einige Male falsch ab und beobachte den Verfolger. Du darfst auf keinen Fall nachhause fliehen. Fahre lieber zur nächsten Polizeidienststelle. Wenn du zuhause angekommen bist, lasse die Türen bis zum letzten Augenblick verschlossen und schaue erst in die Rückspielgel, ob alles frei ist.
Kommen wir nun zu einer weiteren beliebten Methode. Dir wird, einfach gesagt, aufgelauert. Diese Methode ist vorher am schwersten auszumachen. Du wirst es meistens erst merken, wenn es zu spät ist. Das wichtigste, was du tun kannst, ist es aufmerksam zu sein und schnell zu reagieren, wenn dir etwas seltsam vorkommt. Es ist hier sehr von Nachteil, wenn du eine Auffahrt bzw. Eingangsbereich hast, der total verwinkelt und voller dunkler Verstecke ist. Siehe rechtzeitig zu, dass du es so übersichtlich wie möglich gestaltest. Büsche kommen weg, der Sichtschutzzaun wird wenigstens im Eingangsbereich durch

einen sinnvollen Maschendrahtzaun ersetzt, du verbesserst die Beleuchtung, vielleicht bringst du auch einen Spiegel an damit du um eine Ecke schauen kannst. Wenn etwas verändert ist, stimmt etwas nicht. Lasse die Dinge immer auf die gleiche Weise zurück und merke dir wie es vorher war. Wenn dir etwas komisch vorkommt, steige nicht aus dem Auto und beobachte. Halte dich dabei abfahrtbereit. Beim Betreten des Hauses solltest du ebenfalls aufmerksam sein, bevor du dich entspannst. Ist etwas anders als sonst? Ist eine Tür anders als hinterlassen? Verstecken sich deine Katzen und begrüßen dich nicht wie sonst? Erst wenn du sicher bist, dass nichts derartiges vorliegt, kannst du dich entspannen und deinen Tätigkeiten nachgehen.

Zusammenfassend kann man sagen, dass sich viel von der Kriminalität, die sich im oder um dein Haus/deine Wohnung passieren könnte, durch Aufmerksamkeit, Wachsamkeit und Vorbereitung vermeiden lässt. Zumindest verbessern sich deine Chancen. Außerhalb deiner Wohnung ist der Weg vom Auto zur Haustür der unsicherste Teil. Dabei solltest du zwar nicht paranoid werden, aber etwas Achtsamkeit und eine griffbereite Dose Pfefferspray sind schon nicht verkehrt.

9. Das Auto

Das Lieblingsspielzeug des Deutschen; für einige ein Statussymbol für andere nur ein Fortbewegungsmittel. Da die meisten von uns ein Auto besitzen und dieses täglich nutzen, sollten wir uns dies genauer ansehen.
Es ist wohl selbsterklärend, dass du dein Auto immer gut in Schuss halten solltest. Die Lichter sollten alle immer funktionieren, Bremsen, Batterie, und, und, und...aber das sollte so selbstverständlich sein wie, dass du einen Verbandkasten und Warndreieck im Kofferraum hast.
Kommen wir nun zu den interessanteren Punkten. Wenn du in dein Auto eingestiegen bist, schließe sofort dir Tür ab. Es hört sich paranoid an, wenn man darüber nachdenkt dies um 14 Uhr auf einem vollen Supermarktparkplatz zu tun. Jedoch wird es irgendwann zu einem Reflex. Du steigst in ein Auto und die Tür ist „von alleine“ zu. Ich mache es ohne, dass ich es bewusst merke, weil meine Hand sich nach Schließen der Tür automatisch in Richtung Verriegelung bewegt. Der Hintergrund ist einfach der, dass wir uns in unserem Auto zu sicher fühlen. Wir können uns bewusst und aufmerksam im Dunkeln über einen Parkplatz bewegen, sobald wir im Auto sitzen, werden wir nachlässig. Wir senken automatisch unsere „Alarmstufe“ und befinden uns nicht mehr auf dem unheimlichen, dunklen Parkplatz, sondern in unserem sicheren Auto. Bei deinem

nächsten Besuch in einer Werkstatt, kannst du auch mal fragen, ob es bei deiner Zentralverrieglung möglich ist, dass wenn du das Auto öffnest, sich nur die Fahrertür entriegelt. Wenn du in dein Auto einsteigst, kann sich dann keiner von einer anderen Seite Zugang verschaffen.

Ich sah einmal wie eine Person an Autos ging, die an einer roten Ampel standen. Die Person öffnete eine Tür eines der Autos und belästigte die Insassen, dann ging sie seelenruhig zum nächsten Auto, öffnete die Tür und belästigte dann diese. Ich konnte es kaum fassen als die Person zum dritten Auto ging und wie selbstverständlich eine Tür öffnete. In diesem Fall ist nichts wirklich Schlimmes passiert, jedoch war ich sehr erstaunt über die Naivität der Beteiligten. In Argentinien hat sich durch die Wirtschaftskrise die Anzahl der Autodiebstähle vervielfacht. Eine beliebte Methode ist es einfach die Tür eines stehenden Autos aufzureißen, dem Fahrer ein Messer zu zeigen und ihn herauszuzerren oder sich direkt auf den Beifahrersitz zu setzen. Die Folge kann auch eine Entführung sein. Das geht auf Parkplätzen und bei roten Ampeln, wenn das Fahrzeug nicht an erster Stelle steht sondern zwischen zwei anderen eingekeilt ist. Was uns zum nächsten wichtigen Punkt führt. Halte immer einen Abstand zum Vordermann. Nicht nur aus den üblichen Gründen wie Auffahrunfälle usw., sondern du lässt dir dadurch immer eine Fluchtmöglichkeit. Sollte sich eine Situation entwickeln, in der du sofort entkommen musst, willst du nicht 30 cm vom vorderen Fahrzeug entfernt sein. Halte 2, 3 Meter Abstand und du hältst dir Fluchtwege offen.

Halte immer eine Dose Pfefferspray im Auto. Diese könnte z.B. in der Tür deponiert sein. Vorausgesetzt du hast nicht haufenweise Kassenbons, Parkscheiben und Eiskratzer darauf liegen, hast du schnell Zugriff auf die Dose. Das Handschuhfach

ist als Lagerort für Pfefferspray eher ungeeignet, da man nicht „unsichtbar“ darauf zugreifen kann, sondern sich erst quer durchs Fahrzeug lehnen und das Fach öffnen muss.
Wenn die Zeiten dunkler werden und die Gesellschaft krimineller wird, ist es nötig aufmerksamer zu sein. Wenn du auf dem Heimweg bist, schau zwei, drei Abbiegungen vor deinem Zielort, wer hinter dir fährt. Wenn er mehrmals so abbiegt, wie du, halte nicht an. Fahre an deinem Haus vorbei und biege noch einmal ab. Wenn du verfolgt wirst, fahre zur nächsten Dienststelle der Polizei und stelle dich auf den Parkplatz.
Parke wenn möglich immer so ein, dass du nur noch einsteigen und geradeaus losfahren kannst. Egal wieso du schnell aus der Situation weg musst, du bekommst einen Vorsprung. Reduziere deinen Schlüsselbund zusätzlich auf das Wichtigste und verzichte auf unnötige Schlüsselanhänger. Das reduziert unnötiges Gefummel in einer Stresssituation. Such den Schlüssel rechtzeitig raus. Nicht erst wenn du im Dunkeln vor dem Auto stehst und die Handtasche durchforsten musst.
Wenn du zu den Leuten gehörst, die gerne mit offenem Fenster fahren, solltest du dies in schwierigeren Zeiten in zwielichtigen Gegenden unterlassen.
Theoretisch besteht die Möglichkeit sich selber „Nummernschilder“ anzufertigen. Diese müssen nicht richtige Nummernschilder sein, es reicht laminiertes Papier, das auf dein Nummernschild geklebt wird. Das ist selbstverständlich verboten, könnte aber eine Möglichkeit sein nicht wiedererkannt zu werden.
Wenn du noch nie einen Reifen gewechselt hast, wird es Zeit das zu lernen. Hole dir jemanden, der es kann und lass es dir zeigen.

Behalte den Tank deines Autos immer mindestens halb voll. Tanke rechtzeitig. Ich weiß, dass es nervig sein kann schon wieder tanken zu müssen, schließlich kommt man ja noch einige 100 km. Aber genau darum geht es. Sollte es nötig sein, dass du schnell fliehen musst, kannst du es sofort tun. Wenn Tankstellen leer sind oder du einfach kein Geld mehr hast, kannst du immerhin noch viele Kilometer fahren. Zusätzlich solltest du einen kleinen Kraftstoffkanister befüllt im Kofferraum stehen haben. Damit kannst du deine Fahrt verlängern oder jemand anderem aushelfen. Wobei es noch andere Anwendungsbereiche für Benzin gibt.

10. Mögliche Szenarien

Wie gesagt preppen Leute um sich auf verschiedenste Krisen vorzubereiten, wobei einige Szenarien realistischer sind als andere. Zwei davon halte ich für sehr realistisch, weil sie schon mehrmals vorgefallen sind. Das eine Szenario ist der Stromausfall und das andere ein Unfall in einem Atomkraftwerk, bei dem radioaktive Partikel freigesetzt werden. Bei allen möglichen Szenarien gibt es eine Ursache. Diese hat logische Folgen. Und die Folgen haben wiederum Folgen. Suche dir das heraus, was für dich als realistische Katastrophe erscheint und leite dir mögliche Folgen ab. Dann musst du entsprechende Gegenmaßnahmen erdenken. Die beiden für mich realistischsten Szenarien und ihre möglichen Folgen stelle ich hier nun vor.

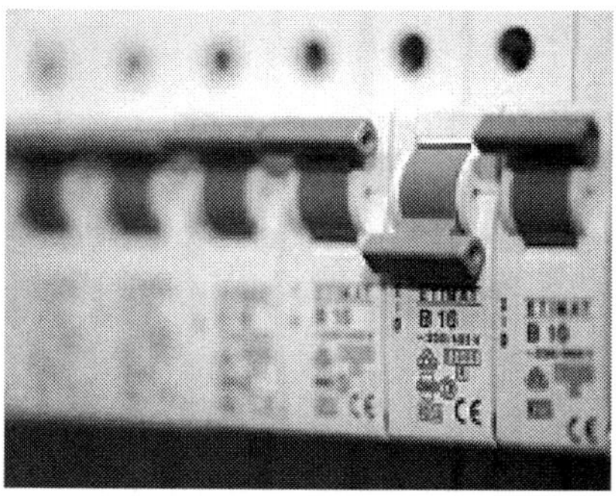

Der Stromausfall an sich oder als Folge anderer Krisen, ist ein Faktor, den man sich genauer anschauen muss. Wir sind uns oft gar nicht im Klaren, was am Strom so alles hängt und was alles ausfallen würde. In der Vergangenheit hat es eine Reihe Blackouts gegeben. Einige davon mit großer Wirkung.

Eines der Probleme unserer Stromversorgung ist die Verworrenheit der Anbieter, Produzenten und Konsumenten.

Zurzeit gibt es in Deutschland 1790 Stromproduzenten. Diese verteilen ihren Strom an 40 Millionen Haushalte. Ebenso wird Strom importiert und exportiert, was das Ganze noch komplizierter und angreifbar für Hacker, Terrorangriffe, Systemfehler usw. macht.
Die erste Folge eines Stromausfalls ist der logischerweise der sofortige Ausfall aller an Steckdosen angeschlossenen Geräte ohne Batterie. Dazu gehören z.B. die meisten

- Heizungen (weil die Regler Strom benötigen)[*das ist nicht so schlimm, weil du ja Decken und einen wintertauglichen Schlafsack besitzt*],
- Tankstellen [*das ist auch nicht so tragisch, weil du dein Auto immer mindestens halb aufgetankt hast*],
- Geldautomaten [*für dich kein Problem, da du eh nur genug Geld auf dem Konto lässt damit die üblichen Daueraufträge usw. ausgeführt werden können*],
- Supermarktkassen [*Es wird zwar schwieriger, aber Geld bleibt Geld und das wirst du auch im Falle eines Stromausfalls gegen Waren tauschen können. Wichtig ist nur, dass dein Geld nicht auf einem Konto ruht*],
- Ampeln,
- Trinkwasserversorgung (unsere Trinkwasserversorgung wird durch elektrische Pumpen durch die Leitungen gepumpt)[*Du hast ja für einige Wochen Trinkwasser, was du unter anderem mit deinem Filter ergänzen kannst*],
- Stadtbahnen und ähnliches (elektrische Züge würden die Wege der Dieselloks versperren),
- Aufzüge,

- Tunnels (werden werden wegen fehlender Belüftung gesperrt werden), usw.

Damit müssten wir mit großen Einschränkungen in unserem Leben rechnen. Mittelfristig wären die Folgen u. a.

- das Fehlen einer Müllentsorgung (was besonders in Ballungszentren problematisch wäre)[*Dafür hast du deine ganzen Müllsäcke*],
- das Abwassersystem wäre betroffen (Kläranlagen haben keinen Strom mehr um ihre Arbeit zu tun und würden eventuell ungeklärtes Wasser in Gewässer ableiten)[*Für dich ist selbst das kein Weltuntergang; nimm einen deiner 10 Liter Eimer, stülpe einen Müllsack darauf, dann legst du zwei Brettchen parallel auf den Eimer. Was du nun hast, ist eine Nottoilette. Setze dich auf die Brettchen und lasse dein Geschäft dazwischen hindurch rieseln. Streu gegebenenfalls noch etwas Sand darauf. Wenn das Ganze zu voll oder zu widerlich wird, knote den Beutel zu und entsorge ihn. Stülpe nun einen neuen Beutel über den Eimer. Empfehlenswert ist dabei der Einsatz von Handschuhen. Und was die Nutzung des Wassers aus Flüssen usw. als Trinkwasser betrifft, lies in einem weiteren Kapitel*],
- Brände würden entstehen, weil die Leute mehr mit offenem Feuer hantieren [*Rauchmelder und einen Feuerlöscher hast du ja*],

- die Leute kämen nicht mehr zur Arbeit (selbst wenn sie keinen Treibstoff bräuchten, würden die meisten Arbeitsstellen nicht mehr funktionieren),
- die Lebensmittelvorräte sind schnell aufgebraucht und die Supermärkte sind leer [*Nicht bei dir*],
- die Menschen werden „irre" und fangen an ihren genetischen Verhaltensmustern zu folgen (1977 gab es in New York einen Blackout – es hat nur wenige Stunden gedauert, bis die ersten Plünderungen begannen) [*Du hältst dich an das Gray Man-Konzept und fällst nicht weiter auf*]

Ein weiteres Problem bei einem Blackout sind Kernkraftwerke. Wenn es einen flächendeckenden Stromausfall gäbe, würden sich deutsche Kernkraftwerke selber vom Stromnetz abschalten. Dies hat den Hintergrund, dass ein Atomkraftwerk selber Energie für einen sicheren Betrieb benötigt. Wenn es nicht klappt, dass das Kraftwerk vom Netz geht um seinen eigenen Strom zu nutzen, gibt es in deutschen Kraftwerken Dieselgeneratoren, die befristet für die nötige Energie sorgen. Wenn diese nicht anspringen, gibt es Batterien. Damit wären die zurzeit betriebenen acht deutsche Kraftwerke „sicher". Die Kraftwerke unserer Nachbarländer unterliegen jedoch anderen Standards. Oft gibt es diese Back-Ups nicht und die Folge könnte eine Kernschmelze ähnlich wie in Fokushima 2011 sein.

Das Ergebnis einer solchen Kalkulation, ist dass unsere Just-In-Time-Gesellschaft keine Woche ohne Strom überstehen würde. Die Folge wäre ein kompletter Verlust der öffentlichen Ordnung. Schlimm genug für die, die vorbereitet sind, katastrophal für den Rest. Früher oder später würde sich alles neu ordnen. So ist der Mensch; in Chaos dreht er durch und wird zum Tier, auf lange Sicht versucht er aber die Normalsituation wieder herzustellen. Jedoch wäre die Zeit bis dahin dunkel und gefährlich. Also sei vorbereitet.

Ein weiteres realistisches Katastrophenszenario stellt der Atomunfall dar. Es wird also ein Atomkraftwerk beschädigt und es tritt Radioaktivität aus. Bisher ist es zweimal im großen Maße passiert; in Tschernobyl und Fokushima. Kleinere Fast-Unfälle sind jedoch schon sehr viel häufiger vorgekommen, wobei es jedes mal hätte schlimmer kommen können. Beide Unfälle wurden zwar teilweise unterschiedlich von den Beteiligten behandelt, hatten aber genügend Gemeinsamkeiten, sodass wir daraus lernen können.

- **Sievert** (Sv): Die Maßeinheit verschiedener gewichteter Strahlendosen bei ionisierter Strahlung. Sie dient der Bestimmung der Strahlenbelastung biologischer Organismen.
  Diese Einheit gibt an, wie viel Strahlung jemand in einem Zeitraum aufnimmt. In Deutschland ist eine

Aufnahme von 2 bis 3 Millisievert pro Jahr normal. Definitiv schädlich sind 100 mSv/Jahr. Unbedenklich sind bis 10 mSv/Jahr. Strahlungsaufnahmen über 10 mSv/Jahr und unter 100 mSv/Jahr sind nicht eindeutig. Es gibt keine eindeutigen wissenschaftlichen Studien darüber, wie gefährlich dieser Zwischenbereich ist. Lass dir also keinen Quatsch erzählen wie gefährlich oder ungefährlich der Bereich ist. Keiner weiß es wirklich.

- **Bequerel** (Bq): Gibt die mittlere Anzahl an Atomkernen an, die pro Sekunde zerfallen. Diese Einheit wird oft im Zusammenhang mit einer Größe oder Gewicht eines Gegenstandes benutzt. Also z.B. 10 Bq/kg. Dies gibt Auskunft darüber wie stark Strahlungsquellen sind.

11 Tage lang traten nach der nuklearen Katastrophe in Tschernobyl radioaktive Partikel aus und wurden durch Wind und Wetter über tausende Kilometer getragen. 85% der radioaktiven Teilchen hatten eine Lebensdauer von weniger als einen Monat. Die restlichen 15% haben große Gebiete für viele Tausende von Jahren verseucht. Durch mangelnde Kommunikationsbereitschaft seitens der Kraftwerksbetreiber und Vertuschungsversuche seitens der sowjetischen Regierung, kam es in vielen stark verstrahlten Gebieten dazu, dass Menschen starken Dosen radioaktiver Strahlung ausgesetzt waren. Es wurde zwar wie später in Fokushima ein Radius von 30 km zwangsevakuiert, jedoch

1. viel zu spät. Die Menschen wurden über Tage stark verstrahlt und

2. man kann nicht einfach einen Kreis um einen Atomunfall ziehen und sagen; der Bereich ist stark verstrahlt und darüber hinaus ist bewohnbar. Radioaktivität wird durch viele Faktoren Verbreitet und so kann es passieren, dass ein Gebiet, das sich fünf Kilometer vom Kraftwerk befindet, weniger stark verstrahlt ist als ein anderes Gebiet, das 100 Kilometer entfernt liegt.

Ähnliches Protokoll wurde in Japan angewandt und später nachgebessert. Deutsche Pläne besagen, dass im Falle eines Atomunfalls pauschal ein Radius von 20 km evakuiert werden soll. Sogleich wird die Belastung eingeschätzt und weitere Gebiete (in denen Menschen eine Dosis von 100 mSv/Woche aufnehmen) werden ebenfalls evakuiert. In Japan wurde bereits ab einer Bestrahlung von 20 mSv/Woche evakuiert, in der Sowjetunion bereits ab 10 mSv/Woche. Eines der Probleme bei solchen Messungen ist, dass eine Stelle stark verstrahlt sein kann und 10 Meter weiter keine schädliche Strahlung messbar ist. Dies ist heute noch in vielen verstrahlten Gebieten um die Sperrzone Tschernobyls der Fall; die dort lebenden Menschen können in einem Garten Lebensmittel anbauen und bedenkenlos essen und im Garten des Nachbarn ist das nicht mehr möglich. Das kann dazu führen, dass Behörden Messwerte nach Belieben (verfälscht oder nicht) angeben können ohne diese manipulieren zu müssen. Damit geben wir wieder Verantwortung ab und müssen hoffen, dass keiner etwas verschleiern oder schönrechnen muss.

Im Umkreis von 25 km um den Atomunfall herum werden schnellstmöglich Kaliumjodittabletten verteilt. Diese sollen dazu dienen den Gehalt an Jod in der Schilddrüse zu übersättigen um zu verhindern, dass beim Atomunglück freigesetztes

radioaktives Jod vom Körper aufgenommen und gespeichert wird. Bei Bedarf soll bei größeren Entfernungen ebenfalls Kaliumjodit verteilt werden. Dabei könnten jedoch wieder zahlreiche Probleme auftreten; wie und wo werden diese Tabletten verteilt? Wie schnell kann die Bevölkerung versorgt werden? Es gibt acht Stellen in Deutschland, an denen Kaliumjodittabletten mit entsprechender Dosierung gelagert werden. Und nein, man kann nicht sofort (wenn man im Radio oder TV mitbekommt, dass etwas passiert ist) in eine Apotheke fahren und welche kaufen. Diese müssen IMMER erst bestellt werden. Du kannst dir dann bestimmt ausrechnen, was schneller bei dir ist; das radioaktive Jod oder die schützenden Jodtabletten. Hinzu kommt die Tatsache, dass ein Vorfall in einem Kraftwerk erst dann bekannt wird, wenn der Betreiber dies an das Innenministerium meldet. Wenn dies passiert, trifft das Innenministerium Maßnahmen, die sehr teuer werden können. Die Kosten trägt der Betreiber des Kraftwerks. Stell dir also mal den leitenden Ingenieur eines Atomkraftwerks vor, der überlegt ob er einen Vorfall melden soll oder nicht: „Vielleicht kann das Problem ja noch behoben werden…man sollte doch lieber etwas abwarten…sonst könnte ich meinen Job verlieren, da ich dem Unternehmen Millionen koste…und der Imageschaden…“. Das verlängert die Reaktionszeit und verschiebt den Zeitpunkt der Austeilung der Jodtabletten.
Aber zum Glück bist du keine/keiner, die/der solche Verantwortung in die Hände anderer legt. Bis so ein Unglück passiert, hast du bereits welche eingelagert.

- Die **Dosierung von Jodtabletten** ist folgende:
  Neugeborene bis einen Monat bekommen 12 mg,
  1 Monat bis 36 Monaten bekommen 25 mg,

3 bis 12 jährige bekommen 50 mg,
ab 13 bis 45 Jahre bekommen 130 mg,
ab 45 Jahren wird keine Einnahme empfohlen, da die Schäden, die durch die starke Jodkonzentration in der Schilddrüse verursacht werden, größer sein könnten als der mögliche Schäden durch radioaktives Jod.

Den richtigen Zeitpunkt um eine hohe Dosis Kaliumjodit zu sich zu nehmen zu benennen ist nicht leicht. Du darfst sie nicht zu früh einnehmen, da der Körper das Jod abbaut und du dann wieder „schutzlos“ dastehst. Theoretisch müsstest du es möglichst kurz vor „Eintreffen“ des radioaktiven Jods einnehmen. Es wird von Seiten der Behörden angegeben, wer wann die Tabletten einnehmen sollte. Jedoch bist du selber auch in der Pflicht dich auf dem Laufenden zu halten:

- Es wird Ausstrahlungen im Fernsehen und Radio geben. Entnehme so viele Informationen wie möglich.
- Siehe dir an, in welche Richtung der Wind weht. Es wird Prognosen geben, die vorausahnen, wo Radioaktivität hin geweht wird.
- Mache eigene Messungen um die Angaben zu überprüfen.

Dann bist du selber in der Pflicht zu entscheiden, ob und wann du deine Kaliumjodittabletten zu dir nimmst.
Solltest du dich direkt in der „Roten Zone“ aufhalten (also in der Nähe des betroffenen Kraftwerkes, in direkter Windrichtung mit sehr hoher Wahrscheinlichkeit betroffen zu werden), VERSCHWINDE von dort wo du bist. Dein Auto ist ja schließlich gepackt und mindestens halb vollgetankt. Hole deine Kinder aus

dem Kindergarten und fahre in eine sichere Zone. Verlasse das, was du gerade machst; egal ob Arbeitsplatz (Was ist schlimmer? Schilddrüsenkrebs oder eine Abmahnung?), Einkaufsbummel, Sport usw. „Es“ gerade fertigmachen zu wollen ist der falsche Ansatz. Du musst SOFORT weg. Wenn du in Sicherheit bist, kannst du immer noch entscheiden, dass es ok ist zurück zu kehren. Wenn nicht, sei glücklich darüber, dass du sofort geflohen bist. Fast alle Fälle von Krebs, Genmutationen und sonstigen Strahlenschäden wurden dadurch verursacht, dass die Menschen nicht rechtzeitig aus den „Roten Zonen“ gebracht wurden. Andere wurden hineingeschickt um aufzuräumen. Sie wurden Tage lang im Unklaren gelassen und blieben seelenruhig in extrem verstrahlten Gebieten.

Langfristig gab es sowohl in Tschernobyl als auch in Fokushima Umsiedlungen. Sollten Gebiete, die nicht evakuiert wurden, langfristig zu hohe Strahlungswerte aufweisen, werden Menschen umgesiedelt. In Deutschland passiert das ganze ab einer geschätzten Jahresdosis von 50 mSv. Dies ist jedoch ein Wert, von dem man nicht genau sagen kann, ob und wie gesundheitsgefährdend er ist. Eine der wichtigsten Dinge die du aus den Fehlern in Tschernobyl lernen kannst, ist es früh einen eigenen Geigerzähler zu besitzen. Die Leute in den weniger verstrahlten Gebieten lebten viele Jahre in Angst und Ungewissheit. Sie wussten nicht wie viel Strahlung sie tatsächlich aufnehmen, sie wussten nicht, ob sie Wasser trinken konnten, ob sie Nahrung ruhig essen konnten oder ob sie sich nicht langsam vergiften und irgendwann einen qualvollen Tod sterben werden. Diese Angst und Ungewissheit wird von vielen Bewohnern der Gebiete als „das Schlimmste“ an der

Katastrophe bezeichnet. Radioaktivität war für die Menschen gleichbedeutend mit dem Tod – nur unsichtbar.
„Erlösung" kam, als Jahre später Ausländer in die mäßig verstrahlten Gebiete gelassen wurden, die Strahlenmessgeräte mitbrachten und den Leuten erklärten wie man diese benutzt. Die Leute wurden über Grenzwerte informiert und was sie zu sich nehmen konnten. Nun konnten die Leute selber feststellen, was verstrahlt ist und was nicht. Es kristallisierte sich eine radioaktive Karte heraus, die sich nicht verallgemeinern lässt. Es gab in „verstrahlten Gebieten" Stellen, die weniger belastet waren als in Mitteleuropa. Das Innere der Häuser in verstrahlten Gebieten war komplett unverstrahlt. Deswegen halte ich das Abdichten von Fenstern und Türen für Zeitverschwendung. Nutze die Zeit lieber für Recherche und Entscheidungen. Die Menschen lebten und leben heute noch nach diesen Kontaminationskarten. Sie wissen genau welcher Garten verstrahlt ist, welches Waldstück gefährlich ist und welche Gegend gefahrlos zu betreten ist. Im ersten Jahr kann sich diese Kontaminationskarte jedoch ändern, weswegen ständige Messungen erforderlich sind. Nach dem Jahr ist sie fest. Hinzu kam, dass Stellen eingerichtet wurden, die Nahrung und Personen auf Strahlenbelastung überprüften. Damit kann ausgeschlossen werden, dass verstrahlte Nahrung aufgenommen wird und Personen, die eine erhöhte Strahlung aufgenommen haben, können reagieren und rechtzeitig gegensteuern. Geringe Strahlung wird im Körper abgebaut und sammelt sich nicht für immer.
Was wir daraus lernen können, ist dass ein Leben in „mäßig verstrahlen" Gebieten möglich ist. Das zeigen uns Menschen, die das seit 30 Jahren machen und nicht verstrahlter sind, als wir in Mitteleuropa. Die Leute haben mit dieser Gefahr zu leben

gelernt und es entwickelte sich eine „praktische, radiologische Kultur“. Ob jemand so leben möchte ist jedem selber überlassen. Die Menschen, die Jahrzehnte in verstrahlten Gebieten leben, tun das freiwillig und könnten auch wegziehen. Jedoch zeigt es sich auch in Japan ab, dass viele Menschen die Strapazen und Gefahren bewusst in Kauf nehmen um dort leben zu können, wo sie sich beheimatet fühlen.

Auch wenn du nicht durch eine Atomkatastrophe direkt betroffen sein solltest, solltest du nach einer Katastrophe nach der „radioaktiven“ Karte recherchieren und prüfen, wo deine Lebensmittel herkommen. Dass du keine Obst, Gemüse und besonders Milch aus betroffenen Gebieten zu dir nehmen solltest, ist selbsterk ärend.

Hier noch eine kurze Zusammenfassung im Falle eines Atomunfalls:

- Prüfe wo etwas passiert ist. Schau auf der Karte wie weit es weg ist.
- Wenn du näher als 30 km am Unglücksort bist, verlasse SOFORT den Radius (Du hast Vorräte im Auto und dein Auto ist ja schließlich immer halb vollgetankt).
- Solltest du weiter vom AKW entfernt sein, halte immer einen Informationskanal aufrecht. TV und Radio bieten sich sehr an. Halte deine Kaliumjodittabletten bereit und verteile sie eventuell an andere. Halte dich und andere zur Flucht bereit. Je später du flüchtest, desto eher wirst du im Verkehrschaos stecken bleiben.

- Recherchiere ob das Wetter Radioaktivität in deine Richtung befördern könnte. Mache selber ständig Messungen mit deinem Geigerzähler.
- Solltest du dich nicht rechtzeitig dazu entschieden haben zu fliehen, bleibe in deinem Haus (du hast schließlich genug Vorräte um einige Wochen auszusitzen), schließe Fenster und Türen und lass Tiere nicht raus. Wenn deine Freigängerkatze erst später reinkommt, dusche sie ordentlich ab und schütze dich dabei selber.
- Achte auf behördliche Ansagen.
- Bleibe möglichst im Haus. Wenn du raus musst, fasse nichts an und trage Gummihandschuhe, schütze dich mit dem Regenanzug. Setze die Kapuze auf und nutze etwas als provisorischen Atemschutz. Z.B. FFP3-Maske. Es hilft nicht viel, ist aber besser als nichts.

11. Was hält uns am Leben?

Auch wenn ich in diesem Buch meistens darauf eingehe, was wir physikalisch brauchen, sollte man die psychologische Seite nicht vergessen. Was bringt es dir, wenn du haufenweise Vorräte hortest, aber ein psychisches Wrack bist?! Kein Vorrat spielt eine Rolle, wenn du psychisch nichts auf Reihe kriegst. Nach einer traumatischen Erfahrung kann es zum Beispiel sehr wichtig sein, dass du und deine Familie oder Freunde euch die Zeit nehmt und über die Situation sprecht. Wie fühlt ihr euch? Wie geht es jedem in der Situation? Darüber zu sprechen wird Stress abbauen und es zeigt, dass der einzelne nicht allein dasteht. Jeder wird Stress und Probleme, Ängste und Zweifel haben. Was in der Situation völlig unnötig ist, sind Vorwürfe, Verurteilungen und „was wäre wenn"-Theorien. Kümmere dich um deinen Körper; gib ihm Ruhe, füttere ihn und gib ihm Wasser. Kinder sind besonders empfindlich für den Stress, den eine Ausnahmesituation auslöst. Ignoriere nicht ihre Gefühle. Rede mit ihnen über ihr Fühlen und höre genau zu, was sie sagen. Gib ihnen so viele Informationen über die Situation wie möglich – zumindest was sie verstehen; was ist passiert, was noch passieren kann und, dass sie nun sicher sind. Verbringe möglichst viel Zeit mit ihnen, umarme und berühre sie oft. Wisse, dass sie dich immer beobachten – besonders in einer Ausnahmesituation. Sie werden sich stark an deinen Reaktionen orientieren. Wenn du ihnen Quatsch erzählst, werden sie es schnell herausbekommen. Du musst jedoch immer Zuversicht und Optimismus ausstrahlen, ob du es fühlst oder nicht. Lasse nicht zu, dass sich einzelne Familienmitglieder für alle anderen gesundheitlich und nervlich zu Grunde richten. Unterstütze sie und sei das beste Familienmitglied, das du sein kannst und sei dir bewusst, dass jeder mit den aktuellen Problemen anders umgeht.

Nicht nur das Verarbeiten der jeweiligen Situation ist wichtig. Es ist ebenso entscheidend, was du bereit bist zu tun um die Situation zu überstehen. Was würdest du tun um dein Leben und das deiner Lieben zu schützen? Die Antwort müsste betteln, stehlen, rauben und mehr lauten. Dies ist keine Aufforderung zu asozialem Verhalten. Aber es gibt Situationen in denen zivilisiertes Verhalten fehl am Platze ist. Es könnte sein, dass du auf primitivere Verhaltensmuster zurückgreifen musst, um an Ressourcen zu gelangen, die dir das Überleben ermöglichen. Denn das ist deine genetische Pflicht; über Tausende von Generationen waren deine Vorfahren diejenigen, die sich die vorhandenen Ressourcen angeeignet haben. Sonst wärst du jetzt nicht hier. Wenn du ein Fahrrad stehlen musst, um aus einer gefährlichen Situation zu kommen, dann weißt du ja was du zu tun hast wenn du die Möglichkeit hast. Wenn du seit 2 Tagen nichts mehr gegessen hast und dein Kind auch hungert; ist es nicht deine Pflicht sich auf jede erdenkliche Art und Weise an etwas essbares zu kommen?! Ob du Tauben mit einem Stein Jagst oder jemandem etwas wegnimmst – du musst bereit dazu sein.

Shelter ist der englischsprachige Begriff für Schutz vor Umwelteinflüssen. Es kann ein Haus, ein Auto, ein Zelt oder einfach nur deine Kleidung sein. Der Schutz eines Shelters wird durch Heizsysteme verstärkt. In Gebäuden ist ein Ofen sehr empfehlenswert. Achte jedoch darauf, dass er keine elektrische Belüftung hat und nicht auf eine Sorte Brennmaterial angewiesen ist. Er sollte also nicht nur zum Beispiel Briketts verbrennen, sondern auch Holz. Eine einfache und günstige Heizmethode stellen Papierbriketts dar. Diese sind sehr leicht aus Altpapier herzustellen. Du weichst Altpapier einige Tage ein und „mixt" es dann, sodass ein Brei entsteht. Dieser wird dann (aus)gepresst (eine Presse gibt es bei Amazon ab 15 €) und einige Tage getrocknet. Das Ergebnis sind Papierbriketts. Die Heizleistung entspricht natürlich nicht den normalen Kohlebriketts, aber es funktioniert. Da es in Deutschland verboten ist, Papier im Ofen zu verbrennen, stellt die Nutzung solcher Briketts eine Ordnungswidrigkeit dar. Du musst selber entscheiden, ob du welche herstellst und ob und wie du diese verfeuerst.

Auf keinen Fall solltest du jedoch in geschlossenen Räumen Feuer als Heizmethode wählen, wenn nicht eine vernünftige Ablüftung vorhanden ist. Auf keinen Fall solltest du oft gelesene Survival-Tipps wie „Kerzen im Auto anzünden um die

Temperatur zu erhöhen" beherzigen. Diese werden tatsächlich von „Survivalexperten" gegeben. Du solltest nur ein Feuer in deinen vier Wänden entfachen, wenn du 100%ig davon ausgehen kannst, dass du nicht im Schlaf an einer Kohlenmonoxidvergiftung stirbst. Symptome für eine Kohlenmonoxidvergiftung sind Kopfschmerzen, Ermüdung, Schwindel und Übelkeit. Wenn du sowas merkst, während du ein Feuer in einem geschlossenem Raum brennen hast, GEH RAUS!!! Verlasse sofort diesen Raum. Rufe professionelle Hilfe wenn möglich. Stelle die Quelle für das Gas ab und lüfte. Sollte es bereits bewusstlose Personen geben, bringe sie raus und leiste Erste Hilfe.

Wenn du keinen qualifiziert angeschlossenen Ofen oder Kamin hast, ist es besser auf andere Arten ein Mikroklima zu erzeugen. Suche dir ein auf der Südseite liegenden Raum mit möglichst großen Fenstern. Du kannst tagsüber eine Lage Folie über die Fenster spannen, sodass Lichtstrahlen die Folie passieren können und sich eine isolierende Luftschicht zwischen Folie und Fensterscheibe bildet. Du solltest möglichst dünne Folie nehmen, da dabei mehr Strahlen durch die Folie kommen. Dünne Malerfolie bietet sich dabei sehr an. Bei dicker Folie ist der Effekt nicht so stark. Die kurzwelligen Lichtstrahlen fallen in den Raum und verwandeln sich in langwellige Wärmestrahlen. Diese breiten sich im Raum aus und haben keinen Kontakt zum kalten Glasfenster. Nachts kannst du eine Rettungsdecke vor die Plastikfolie hängen. Diese reflektiert zusätzlich Wärmestrahlen in den Raum zurück. Außerdem solltest du dir ein Beispiel an der Natur nehmen; baue ein Nest. Nachdem du fertiggelacht hast, denke einmal daran wie du als Kind die Wohnzimmereinrichtung auseinandergenommen hast um daraus eine Burg zu bauen. Dazu kommen möglichst viele

Decken, zum Zudecken und Zuhängen. Dann nimmst du dir jeden, der Lust hat nicht mehr zu frieren, setzt den rein (vergiss den Hund nicht) und hast ein perfektes kleines Mikroklima nach dem Vorbild der Natur. Wenn dir das doch zu blöd ist oder du keine andere Möglichkeit hast, nimmst du zwei große Müllsäcke und steckst die ineinander. Diese müsse so groß sein, dass du hineinpasst. Dann füllst du den Raum zwischen den Säcken mit Material wie Papier, trockenes Laub usw. Anschließend stichst du Löcher in den inneren Sack damit Kondenswasser teilweise entweichen kann. Dieses kann sich dann im Zwischenraum im Laub bzw. Papier ansammeln. Damit hast du einen wunderbaren provisorischen Schlafsack, der dich warm halten wird.
Im Sommer ist es genau anders herum. Du suchst dir einen Raum im Norden der Wohnung. Die Fensterscheiben mit direkter Sonneneinstrahlung beklebst du direkt mit einer reflektierenden Rettungsdecke, sodass möglichst viel kurzwellige Strahlung sofort nach draußen reflektiert wird.

Wasser ist bekanntermaßen die Grundlage allen Lebens. Besonders bei hohen Temperaturen steigt der Bedarf an Wasser stark an. Bei extremen Temperaturen ist es sogar nötig sich bewusst zum Trinken zu zwingen. Wenn man Durst bekommt ist es eigentlich schon zu spät. Beim ersten Anzeichen von Durst fehlt deinem Körper ca. ein Liter Wasser. Dann wird in der Regel ein Glas Wasser getrunken und das Durstgefühl verschwindet. Jedoch ist deine Wasser-Haushalts-Bilanz danach trotzdem negativ. Achte bei allen in deiner Gruppe darauf, dass genügend getrunken wird. Besonders in einer Krisensituation ist es nötig, dass dein Körper voll funktionsfähig ist. Wenn Wasser knapp wird, hör auf zu essen. Nahrung fordert Wasser an. Trinke knappes Wasser in kleinen Schlucken und nutze jede Möglichkeit um Wasserbedarf zu reduzieren; bewege dich wenig, rede wenig, kleide dich in helle, locker sitzende Baumwolle (nie Kunststoff). Wenn du schwitzt, bleibe angezogen (weil nasse Baumwolle etwas kühlt und dafür sorgt, dass weniger Schweiß verdunstet). Der beste Indikator für deinen Wasserhaushalt ist dein Urin. Wenn er klar ist, hast du genug getrunken. Wenn er dunkler wird, trinkst du zu wenig und bist dehydriert. Bei extremer Dehydrierung (z.B. bei Durchfallerkrankungen) kann es nötig sein, dass eine Rehydrationslösung getrunken wird um fehlendes Wasser und Elektrolyte wieder zu ersetzen. Diese gibt es in der Apotheke, kann aber selber gemixt werden:

- 0,5 Teelöffel Salz
- 0,5 Teelöffel Backpulver
- 3 Esslöffel Zucker
- Ein Liter Wasser in Raumtemperatur

  Das ganze wird zusammengegeben und getrunken.

Da ohne Wasser so gut wie keine Körperfunktionen möglich sind, ist es wichtig in der Lage zu sein an sauberes Trinkwasser zu gelangen. Zur Not muss man auch wissen, wie man es aufbereitet. Wenn du ein Haus oder Gartenhäuschen hast, hast du eine gute Möglichkeit Regenwasser zu sammeln und große Mengen davon zu bevorraten. Achte jedoch darauf, dass deine Behälter lebensmittelecht sind. Es ist auch von Vorteil, wenn du sie vor weiterem Regenwasser verschließen kannst wenn es sein muss. Tage nachdem der Reaktor in Tschernobyl explodiert ist, regnete es in Frankreich radioaktive Partikel. Es wäre von Vorteil wenn man verhindern könnte, dass der Rest des gelagerten Wassers durch den neuen Regen verseucht wird. Je nach Aufbau deines Sammelsystems kann ein einfacher Deckel auf einer Tonne eine Verschmutzung verhindern. Mache dir bei deinem Regenwasser keine Gedanken über Insekten, etwas Dreck und ähnliches, was zum Beispiel vom Dach deines Gartenhäuschens in die Wassertonne hinein gespült wird. Wenn du das Wasser zusätzlich abkochst, mit einem handelsüblichen Filter oder chemisch (z.B. Wasseraufbereitungstabletten) alle Mikroorganismen abtötest, ist es eine Garantie dafür, dass du es bedenkenlos trinken kannst.

Wenn du keine Dächer hast, von denen aus du Wasser sammeln kannst, aber Regenwasser sammeln musst, kannst du auch große Planen auslegen. Das Wasser muss in einer Richtung bergab fließen, nachdem es auf die Folie fällt. Am unteren Ende des „Stroms“ muss die Folie enger verlaufen, sodass alles Wasser in einem Sammelbehälter mündet.

Wenn du keine Folie hast, stellst du Stäbe in einen Sammelbehälter. An diesen läuft das Regenwasser in den Behälter hinein.

Wenn du Regenwasser zur Verfügung hast, ist es relativ leicht aus diesem „Rohwasser“ Trinkwasser herzustellen. Man weiß was mit diesem Wasser in Kontakt gekommen ist und was sich darin befindet. Schwieriger wird es bei Rohwasser, welches sich irgendwo angesammelt hat. Um daraus Trinkwasser zu erschaffen, musst du erst einmal bestimmen, wie die Qualität des Wassers ist, um sagen zu können, welcher Aufwand nötig ist. Damit meine ich: Denke darüber nach, was für eine Katastrophe passiert ist. Welche Folgen könnte diese haben? Welche Auswirkungen hat es auf die Qualität des Rohwassers, welches du in deiner Umgebung finden wirst?

Zum Beispiel: Wir haben einen tagelangen Blackout – Pumpen funktionieren nicht mehr – die Höhe unseres Abwasserspiegels sinkt – das „Dreck-Wasser-Verhältnis“ im Abwasser ändert sich – unsere Kläranlagen können den Brei nicht mehr filtern (auch weil sie ja keinen Strom mehr haben) – der Klärvorgang wird eingestellt und ungefilterter Schlamm wird in unsere Flüsse gepumpt. Damit wird aus dem einst halbwegs sauberen Fluss ein verseuchtes Gewässer.

Es ist also sehr wichtig zu wissen, in welchem Zustand sich dein Gewässer befindet. Recherchiere potentielle Wasserquellen in deiner Nähe. Flüsse, Bäche, Seen, Kanäle, Brunnen, Springbrunnen usw. Google sie, rufe Ämter an und frag einfach (die werden dafür bezahlt um dumme Fragen zu beantworten oder zumindest zu sagen, wer die Fragen beantworten kann) usw. Finde heraus, was sich in dem Fluss in deiner Nähe alles befindet. Abwässer, Chemie, Schwermetalle... Wenn du z.B. einen See in deiner Nähe hast, finde heraus wie er entstanden ist. Wenn er künstlich entstanden ist und dort einmal was abgebaut wurde, finde heraus was abgebaut wurde und ob dort mit Hilfe von Chemie abgebaut wurde. Zusätzlich kommt noch das, was durch die Katastrophe ins Rohwasser gekommen ist. Noch mehr Abwässer, Einleitung nach Chemieunfällen, Radioaktivität, Gifte durch Terrorangriffe... Damit bestimmst du dann letztendlich welche Rohwasserquelle du verwenden möchtest und welche Aufbereitungsmethoden du anwenden wirst.

Grundsätzlich kann man die Gefahren beim Rohwasser in drei Gruppen aufteilen. 1. Schwebstoffe, 2. Organismen (Bakterien, Protozonen, Viren) und chemische Verunreinigungen + Schwermetalle.

1. Schwebstoffe sind am einfachsten aus dem Wasser zu bekommen. Dafür musst du das Rohwasser einfach durch Stoff, Kaffeefilter, usw. gießen. Wenn du wirklich nichts davon haben solltest, kannst du das Rohwasser auch eine Weile ruhig stehen lassen, damit sich vorhandene Teilchen absetzen. Das reduziert die an der Oberfläche vorhandenen Stoffe. Anschließend musst du das Wasser vorsichtig abgießen und das ganze so oft wiederholen, bis du ein befriedigendes Ergebnis hast. Damit wäre das Rohwasser vorgefiltert. Dies ist vor dem eigentlichen Trinkbarmachen fast immer sinnvoll. Bei handelsüblichen Wasserfiltern würden sonst durch Schwebstoffe schnell die Poren verstopfen und er müsste erst gereinigt werden um weiter seinen Dienst zu tun. Trinkbarmachung durch UV-Strahlung (SteriPEN) oder durch chemische Aufbereitung (Wasserentkeimungstabletten, Chlor) würden dadurch verhindert, dass sich schädliche Organismen in den Schwebeteilchen befinden könnten und von Strahlung bzw. Chemie nicht erreicht würden.
2. Man sollte immer davon ausgehen, dass sich im Rohwasser schädliche Organismen befinden. Diese können schwerste Erkrankungen auslösen, die in normalen Zeiten schlimm genug sind. Schon ein einzelner Schluck von verunreinigtem Rohwasser kann

in einer Krise tödliche Folgen haben. Selbst wenn das Wasser absolut klar und sauber scheint und viele Indikatoren anzeigen, dass es ein reines Gewässer ist, darf man auf keinen Fall daraus trinken, ohne es vorher zu behandeln. Die einfachsten und gängigsten Methoden sind:

- <u>Abkochen</u>: Das bei Outdoor-Enthusiasten beliebte Abkochen. Oft wird behauptet das Wasser sei nach dem Abkochen steril. Dazu muss man sagen, dass Trinkwasser nie steril ist. Das muss es auch nicht sein. Es gibt viele Keime und Überdauerungsstadien, die das Abkochen überleben. Humanpathogene Erreger haben fast alle ein Temperaturoptimum, das unserer Körpertemperatur entspricht und sterben teilweise bei Temperaturen von über 42°C (Fieber). Die Kochdauer wird an die Höhe angepasst, in der du dich befindest. Bei der Frage wie lange genau der Vorgang dauern muss, scheiden sich jedoch die Geister. Theoretisch reicht es wenn das Wasser angefangen hat zu kochen. Du musst das Rohwasser nur so weit aufbereiten, dass du es trinken kannst. Das bedeutet für dich also, dass wenn du Brennstoff sparen musst, es reicht, wenn es angefangen hat richtig zu kochen. Leichtes Dampfen reicht nicht aus. Wenn du jedoch genügend Brennmaterial hast, kannst du es gerne drei bis fünf Minuten kochen lassen. Da der Siedepunkt pro 300 Höhenmeter um 1°C abnimmt, macht es dann auch Sinn die Kochdauer um ca. eine Minute zu verlängern.

- Wasserfilter: Die meisten gängigen Wasserfilter sind dazu geeignet schädliche Organismen aus Rohwasser herauszufiltern. Eines der wichtigsten Dinge, die du bei der Auswahl deines Filters beachten solltest, ist dass seine Porengröße im Optimalfall nicht größer als 0,02 Mikron sein sollte. Dies ist die Grenze, bei der man sagen kann, dass er alle Organismen herausfiltert. Besonders Viren sind sehr klein (manche 0,02 Mikron) und fügen „längerfristig" Schaden zu, weil die Inkubationszeit bis zu mehreren Wochen dauert und danach oft nur Symptome behandelt werden können und nicht das Virus an sich. Wenn dein Filter größere Poren hat, kannst du dich absichern, indem du das Wasser zusätzlich abkochst oder chemisch behandelst.
- Chemische Behandlung: Es gibt zwei gängige Methoden. Die populärste sind Wasserentkeimungstabletten. Diese gibt es in verschiedenen Ausführungen. Wie genau diese eingesetzt werden, sollte man der Packungsbeilage der Tabletten entnehmen. Normalerweise wird eine Tablette in einen Liter Rohwasser (frei von Schwebstoffen) gegeben. Das ganze wird bei Zimmertemperatur stehen gelassen und kann danach getrunken werden. Eine weitere provisorischere chemische Behandlung ist es vier Tropfen Chlor in einen Liter Wasser zu geben und zu schütteln. Bei Zimmertemperatur wird das Ganze dann eine halbe Stunde stehen gelassen (wenn es kälter ist, muss es länger stehen). Wenn das Wasser dann einen leichten Chlorgeruch hat, ist es trinkbar,

wenn nicht, gibst du noch einmal 3, 4 Tropfen hinzu. Wenn es nach einer weiteren halben Stunde keinen Schwimmbad-Geruch hat, schütte es weg und fang von vorne an.

Es gibt natürlich noch viele weitere Methoden um Mikroorganismen in Wasser abzutöten, wie künstliche und natürliche UV-Strahlung, Umkehrosmose, Tonfilterkerzen, Sedimentfilter usw. jedoch halte ich diese Methoden für nicht praktikabel, weil entweder der Kosten-Nutzen-Faktor nicht stimmt oder die Methode einfach zu unsicher ist.

3. Wie du schon gesehen hast, gibt es relativ einfache und sichere Methoden um Mikroorganismen aus Rohwasser zu entfernen. Es ist jedoch fast unmöglich für uns <u>Schwermetalle und Chemikalien</u> aus Wasser zu entfernen. Die meisten Methoden, mit denen man Organismen herausfiltert oder abtötet, wirken sich auf enthaltene Chemie bzw. Schwermetalle überhaupt nicht aus. Viele Filter verfügen über eine nachgeschaltete Aktivkohlestufe und entfernen teilweise Chemikalien. Jedoch ist es nur eine prozentuale Verbesserung – die meisten gelösten Stoffe passieren ungehindert den Filter. Wenn du im Laden bist und der Verkäufer eines Wasserfilters erzählt dir, dass der Filter ALLES herausfiltert (einschließlich gelöster Schwermetalle und Chemie), hat er entweder keine Ahnung (weil es vielleicht nur eine Aushilfe ist) oder er will dir nur einen teuren Treckingfilter andrehen. Vor vielen Jahren, als ich (ohne mich mit der Materie beschäftigt zu haben) in einen Laden ging und nach einem guten Wasserfilter fragte, der alles herausfiltert, wurde mir einer empfohlen. Es war tatsächlich ein guter Filter. Jedoch

sollte er nach Aussage des Verkäufers angeblich ALLES filtern können. Ich habe mir weiß machen lassen, dass er sogar Cola zu Wasser machen kann. Dies schien der Verkäufer ernst zu meinen. Dass ein solcher Filter dies gar nicht kann, stellte ich nach einigen Versuchen und handfester Recherche natürlich auch fest. Fakt ist: Kein handelsüblicher Wasserfilter kann alles herausfiltern und chemische Stoffe und Schwermetalle werden eher im Wasser bleien, als dass sie herausgefiltert werden.
Glücklicherweise leben wir nicht in der Dritten Welt, wo Fabriken ihre Abwässer ungefiltert in Gewässer hineinleiten. In Mitteleuropa gibt es zahlreiche Vorschriften und Grenzwerte was Abwässer betrifft. Dies schließt es natürlich nicht aus, dass unerwünschte Stoffe ins Gewässer gespült werden. Deswegen solltest du, wie oben schon erwähnt, einmal recherchieren, wie denn sie Qualität deines Gewässers so ist, und was dort so alles gelöst ist. Ich persönlich würde das Wasser der meisten Gewässer in Deutschland trinken, nachdem es mit einem Treckingfilter gefiltert und abgekocht wurde. Dies ist in geringen Mengen meistens nicht groß schädlich – sollte aber nur dann gemacht werden, wenn keine andere Wasserquelle zur Verfügung steht.
Sollte es jedoch passieren, dass wirklich kritische Mengen an Stoffen in Gewässer eingeleitet werden und du MUSST auf dieses Wasser zurückgreifen, ist nur eine Methode zur Aufbereitung realistisch: Destillation. Dies funktioniert auf ganz andere Weisen als die oben beschriebenen Methoden. Es trennt das Rchwassergemisch in seine Bestandteile auf, die jeweils unterschiedliche Siedetemperaturen haben. Das

bedeutet also, dass wenn Stoffe wie Benzin im Wasser vorhanden sind, es Sinn macht das zu destillierende Wasser eine Zeit lang unter 100°C zu halten. Danach wird die Temperatur auf 100°C erhöht und das Wasser fängt an zu verdampfen und der Dampf kann genutzt werden. Dabei darf der Behälter, aus dem destilliert wird, jedoch niemals komplett leer werden, da dabei Temperaturen von bis zu 500°C entstehen und früher gelöste Materialien ebenfalls kondensieren. Bei der Destillation wird Wasser erhitzt, abgeleitet und an einer anderen Stelle abgekühlt. Dort kondensiert es und ist nun nutzbar. Eine sehr einfache Methode eine Destille zu bauen, ist folgende:

- du besorgst dir eine Metallflasche,
- einen Silikonschlauch,
- und einen in die Flasche passenden Korken.
- In den Korken bohrst du ein Loch, in welches der Silikonschlauch genau reinpasst.
- Du befüllst die Flasche mit Rohwasser, steckst den Korken ein, in dem der Silikonschlauch steckt und erhitzt die Metallflasche.
- Es entsteht Dampf, der in den Silikonschlauch gedrückt wird. Der Dampf muss jedoch im Schlauch kondensieren. Dies geschieht dadurch, dass du ihn kühlst. Du kannst ihn z.B. in der Mitte zusammenrollen und die Rolle in ein Gefäß mit Wasser legen (zur Not geht auch kalter Schlamm).
- Das im Schlauch kondensierte Wasser wird durch den in der erhitzten Metallflasche erzeugten Druck weiter gepresst, tritt aus dem anderen Ende aus und sollte gesammelt werden.

Das ist der theoretische Aufbau einer einfachen aber wirkungsvollen Destille.
Am Anfang ist etwas Geduld gefragt, aber wenn sich der Schlauch gefüllt hat, kommen stätige Tropfen aus dem Schlauch heraus.

Das Ganze funktioniert mit allem, was sich an Metallbehältern so finden lässt. Ich habe es sogar mit Cola-Dosen aus dem Abfall geschafft, Waser zu destillieren.
Dabei ist es wichtig, dass es im Ausgangsgefäß, in dem der Schlauch steckt, keine weiteren Löcher oder ähnliches gibt. Es entsteht sonst nicht genug Druck und das im Schlauch kondensierte Wasser bleibt im Schlauch. Pass dabei auf, dass der Schlauch nicht direkt im Feuer ist. Achte auch darauf, dass du einen Silikonschlauch oder etwas anderes hitzeunempfindliches hast und keinen einfachen Gummischlauch, weil dieser höchstwahrscheinlich schmelzen wird oder sich gesundheitsschädliche Stoffe aus diesem herauslösen könnten. In vielen Survivalbüchern liest man oft, dass Plastikflaschen zum

Destillieren verwendet werden können. Dabei wird oft gesagt, dass die Plastikflasche mit dem Rohwasser „moderat“ erhitzt werden soll. Eigene Experimente haben jedoch gezeigt, dass es auch mit viel Geduld kaum möglich ist, die Temperatur eines Feuers oder von Glut so zu dosieren, dass die „Ausgangsflasche“ nicht schmilzt. Ich habe schon gesehen, wie aus dem Silikonschlauch entweichender Dampf Teile einer Plastikflasche zum Schmelzen brachte. Wenn also selbst Dampf eine normale Plastikflasche zum Schmelzen bringt, kannst du dir bestimmt vorstellen, was passiert, wenn du eine Plastikflasche mit einem Feuer erhitzt um Dampf zu erzeugen.

Solltest du gar keine Informationen bezüglich eines Gewässers haben, kannst du versuchen seine Qualität anhand von Indikatoren zu ermitteln.

„Sauberes“ Wasser:

- Du kannst ausschließen, dass Menschen in der Nähe leben. Du kannst viele Meter tief sehen, da das Wasser absolut klar ist. Das Wasser ist geruchsneutral und schmeckt fast nach nichts (du solltest es vor dem Probieren mindestens abkochen). Es gibt wenige bzw. keine Tierchen. Höchstens einzelne Insekten. Der Untergrund besteht aus „Gestein“, also Sand, Kies, Steine usw. Diese sind nicht von Schleim überzogen. Am Ufer wächst so gut wie nichts.

Die Empfehlung ist: Potentielle Mikroorganismen durch Abkochen oder Chemie abtöten bzw. einen einfachen Wasserfilter verwenden.

Leicht verschmutzt:

- Es leben eher wenige Menschen im Umkreis, die Sichttiefe ist größer als ein Meter. Das Wasser ist jedoch etwas getrübt und es riecht und schmeckt nach „Natur". Es leben kleinere Lebewesen im Wasser und der Untergrund hat eine leichte bräunliche Verfärbung und eine leichte Schlammschicht. Am Ufer gibt es wenige Pflanzen.
  Die Empfehlung ist: Entferne die Schwebstoffe und töte die Mikroorganismen ab bzw. entferne sie.

Verschmutzt:

- Es gibt im Umkreis reichlich Menschen. Die Sichttiefe des Wassers beträgt nur einige Zentimeter. Und der Geruch ist eher unangenehm. Es gibt viele Lebewesen im und um das Wasser und sehr viele verschiedene Pflanzen am Ufer.
  Die Empfehlung ist: Das Wasser sollte nach Möglichkeit mindestens gefiltert werden. Zusätzliches Abkochen wäre je nach Filter ratsam. Im Optimalfall sollte destilliert werden.

Sehr stark verschmutzt:

- Die Verschmutzung und Verunreinigung des Gewässers ist eindeutig. Du kannst überhaupt nicht durch das Wasser sehen. Das Wasser hat verschiedenste Verfärbungen, Glänzen, Regenbogenfarben an der Oberfläche, ist ölig. Verunreinigungen können auch komplett unsichtbar sein. Der Untergrund ist sehr dunkel gefärbt.

Die Empfehlung ist: Destillieren. Sonst darf das Wasser auf keinen Fall getrunken werden.

12. Widerstand

Jeder hat ein anderes Verständnis zum Thema Krisenvorsorge und stellt sich seine Reaktion darauf vor. Die einen erwarten einen kompletten Zusammenbrich der Gesellschaft und der Ordnung (sodass wir uns im finsteren Mittelalter wiederfinden, das Feld mit primitivsten Werkzeugen bearbeiten und Kühe mit der Hand melken müssen), andere eine regionale Katastrophe (Unwetter, Terror), dritte glauben den Rest ihres Lebens aus einem Fluchtrucksack leben zu müssen (inklusive eines 60kg-Rucksacks und einer Armbrust im Anschlag) usw. Es gibt jedoch wesentlich realere Entwicklungen und Veränderungen. Wenn wir uns auf der Welt umsehen, sehen wir Kriege, Katastrophen, wirtschaftlichen Untergang und Putschversuche in Staaten, die vor einigen Jahren noch stabil waren. Wir müssen uns sowohl auf schleichende Entwicklungen und Veränderungen als auch auf plötzliche Entladungen vorbereiten und wissen, wie wir damit umgehen müssen. Veränderungen und Entwicklungen in einem Staat und einer Gesellschaft sind leider nicht immer positiv. Und egal auf welcher Seite du stehst, hast du sowohl als Individuum als auch als Teil einer Gesamtheit das Recht, dich im Rahmen der Möglichkeiten gegen etwas zur Wehr zu setzen. Als Prepper sollte man sich nicht nur auf Naturkatastrophen, Nuklearunfälle und „plötzliche“ Wirtschaftszusammenbrüche vorbereiten. „Katastrophen“ können genau so schleichend entstehen und die Zersetzung unseres Wohlstandes und unserer Rechte geschieht Schritt für Schritt. Für das Wohl und das Wachstum der Wirtschaft wird alles getan was nötig ist. Damit begründet, dass Wachstum die einzige Möglichkeit sei um UNSEREN Lebensstandard zu steigern, können die meisten von uns nur eines tun: Opfer bringen damit es uns besser geht. Dass der letzte Satz in sich totaler Quatsch ist, sollte klar sein. Und, dass auf unsere Kosten sich andere die Taschen (weiter) füllen, ist genauso klar. Ich kenne es selber, dass mir in einem Unternehmen dauerhaft 60-70 Wochenstunden abverlangt wurden sowie, dass ich die unter mir stehenden Mitarbeiter unter hohen Druck setzen sollte, damit diese „effizienter" werden. Die einzigen, die was davon hatten, befanden sich grundsätzlich einige Gehaltsgruppen über mir. Dies ist nur ein kleines Beispiel für die Entwicklung, in die unsere Gesellschaft und Wirtschaft tendiert. Es werden Daten gesammelt, alles wird für den maximalen Konsum optimiert, Menschen werden mit Müll im Fernsehen und möglichst billig hergestellter „Nahrung" bei Laune gehalten, alle werden unter Druck gesetzt (was Du unbedingt kaufen musst, was du leisten musst, auf der Arbeit, privat), schrittweise Entmachtung der Gewerkschaften, Aushöhlung der Sozialsysteme. Unsere Eliten hätten Dich am liebsten als ein mittelalterlich ungebildetes, gehorsames, nicht hinterfragendes, für das Kollektiv selbstaufopferndes Wesen, das trotzdem eine Fachkraft ist, welche für einen Hungerlohn viel arbeitet, da es in seiner wenigen Freizeit irgendwelchen Mist konsumieren muss, um sein Leben ertragen. Es gibt zwei Möglichkeiten wie das ganze langfristig ausgehen kann. Entweder wir Bürger der ersten Welt werden so, wie man uns haben will und entwickeln uns gesellschaftlich zurück. Oder die Blase platzt irgendwann und die Leute gehen auf die Straße, weil zum Beispiel Sozialleistungen gestrichen und gleichzeitig teure Stadien für die nächsten Olympischen Spiele gebaut werden.

Es ist dir überlassen, ob du zu Demonstrationen gehst, an einem Aufstand Teilnimmst, dir einfach nur Informationen an der Zensur vorbei besorgen möchtest oder nichts davon machst weil du nicht auffallen und unter dem Radar bleiben möchtest (Gray Man)

Solltest du an Demonstrationen teilnehmen, solltest du dich etwas mit dem deutschen Demonstrationsrecht auskennen und dich auch daran halten. Hier ein paar nützliche Tipps für die Demo:

- Du solltest so fit undausgeruht wie möglich sein.
- Mitzunehmen sind Personalausweis, Geld für Transport und Telefonieren, Papier und Stift, ein kleines Erste-Hilfe-Kit, eine Landkarte von der Gegend, Medikamente und Tampons für drei Tage, Nahrung und Getränke in Plastikflaschen. Am besten ist Wasser, da damit Augen ausgespült werden können.
- Deine Kleidung sollte möglichst praktisch und unauffällig sein. Du musst damit rennen können. Am besten kommen noch ein buntes Shirt und eine Mütze zum Wechseln mit. Gegen Wasserwerfer ist eine Regenjacke sinnvoll. Schwarze Kleidung symbolisieren Gewaltbereitschaft und sollten vermieden werden
- Wenn du ein Handy mitnimmst, lösche das Adressbuch und Anruflisten, sowie Kommunikationsverläufe per WhatsApp, SMS usw. Nimm am besten ein altes Prepaidhandy mit und

lerne die wichtigsten Nummern auswendig. Solange ein Akku im Handy ist, werden immer Daten über dich und deine Position ausgestrahlt.

- Vermeide Kontaktlinsen, Hautcremes oder Schminke, da sich an den Stellen Tränengas besonders anreichert.
- Alkohol sollte grundsätzlich vermieden werden.
- Es ist verboten sich zu vermummen und Gegenstände mit sich mitzuführen, die geeignet sind die Identitätsfeststellung zu verhindern. Da du jedoch ein T-Shirt dabei hast, kannst du es dir theoretisch über den Kopf ziehen, bis du durch die Halsöffnung hindurchschaust. Dann bindest du die Ärmel hinter deinem Kopf zusammen und bekommst eine effektive Maske.
- Es ist in Deutschland auch verboten Gegenstände mit dir mitzuführen, die geeignet sind sich vor polizeilichen Maßnahmen zu schützen. Also keine Gasmasken, Schoner usw.
- Du solltest nicht alleine auf eine Demo gehen sondern mit einer Bezugsgruppe, die du vorher schon kennst. Es sollte vorher klar sein, was Ihr auf der Demo machen wollt und wann ihr die Situation verlasst. Die Gruppe sollte immer zusammenbleiben und sich nie trennen.
- Dokumentiere mit deiner Kamera niemals Straftaten derer, für die du bist. Dein tolles Foto oder Video wird bestimmt jemanden in Schwierigkeiten bringen. Wenn du Bilder veröffentlichst, mache die Personen unkenntlich.
- Die Polizei Fotografiert und filmt die ganze Zeit mit.

- Die Polizei unterliegt keiner Kennzeichnungspflicht. Es werden Beamte unter Demonstranten sein. Oft fungieren sie als Provokateure, damit umstehende Straftaten begehen. Lasse dich nicht mitreißen.
- Solltest du festgenommen werden, kann es sinnvoll sein, umstehenden deinen Namen zuzurufen. Wenn du festgenommen wurdest, musst du nur die Angaben machen, die auf deinem Personalausweis stehen und eine ungefähre Berufsbezeichnung. Erzähle und unterschreibe nichts. Du musst tatsächlich NICHTS unterschreiben, auch wenn dir gesagt wird, dass es die Sache vereinfacht und beschleunigt. Du solltest gegen ALLES Widerspruch einlegen, da du dadurch die Möglichkeit hast später gegen vieles zu klagen.
- Du hast das Recht auf zwei Telefonanrufe, die Du selber bezahlen musst. Dafür hast du Geld dabei. Der erste Anruf geht an das „Legal Team", was quasi eine Gewerkschaft für Demonstranten ist. Telefonate können abgehört werden.
- Sollte Dir ein Schnellverfahren angeboten werden, solltest Du auf jeden Fall deine Zustimmung verweigern. Ansonsten werden Deine Rechte stark eingeschränkt und mit dir wird sprichwörtlich kurzer Prozess gemacht. Selbst Drohungen sollten Dich nicht umstimmen. Glaube nicht alles.
- Wenn du wieder entlassen wurdest, informiere das Legal Team, damit nach dir nicht mehr gesucht wird.

Sollte eine Demonstration weiter eskalieren oder du beteiligst dich aus irgendwelchen Gründen an Randalen, Unruhen, Plünderungen usw., gibt es auch hier wieder einiges, was du wissen solltest:

- Bleibe immer in einer Gruppe. Wage dich nie zu weit weg von der Masse.
- Bleibe immer maskiert. Zeige keine Tattoos, anderen Körperschmuck oder ähnliches, sodass du nicht identifiziert werden kanntest. Gehe davon aus, dass immer gefilmt wird und dass die Leute, die mitmachen potentielle Verräter sind.
- CN-/CS-Gas wird einer Deiner größten Feinde sein. Diese Chemikalien werden über verschiedene Arten versprüht. Als „Chemische Keule" (ein pistolengriffgroßes Gerät mit einer Reichweite von 10 m), ein feuerlöscherähnliches Gerät (Reichweite beträgt 20m), als Wurfkörper, als Beimischung in Wasserwerfern (Reichweite beträgt 65m) und als Patronen für einen Granatwerfer (Reichweite beträgt ca. 200m).

  Die Wirkung von Tränengas ist Augenbrennen, Tränenfluss, Fremdkörpergefühl in den Augen, starke Bindehautreizung, Nies-/Hustenreiz, Mundbrennen, Atemnot, Hautbrennen, Hautrötungen, Verätzungen, Durchfall, Schmerzen beim Wasserlassen, Angstgefühl, Unsicherheit, Lethargie, Panik usw. Wenn Personen zu lange einer hohen Konzentration Tränengas ausgesetzt sind (z.B. in geschlossenen Räumen), kann Tränengas auch tödlich wirken.

Alle stellen, die von Kampfstoffen betroffen sind, sollten mit Wasser abgespült werden. Betroffene Kleidung muss entfernt werden. Augen werden auch mit klarem Wasser ausgespült. Das Waschen in Eimern oder ähnlichem macht keinen Sinn, da man sich mit jedem neuen Schöpfen aus dem Eimer neu kontaminiert.

Geschützt werden die Augen am besten mit einer umschließenden Brille. Trage keine Kontaktlinsen, da sich das Gas darunter festsetzen kann. Die Atemwege werden im Optimalfall mit einer Atemschutzmaske geschützt. Trockene, feingewebte Tücher sind eine Notlösung. Diese müssen möglichst trocken sein. Deswegen muss man sie oft wechseln. FFP3-Masken sind eine bessere Alternative. Es gibt das Gerücht Zitronensaft im Stoff würde Augen und Atemwege vor Tränengas schütze. Das ist jedoch Quatsch. Solltest du das anwenden, hättest du zum Tränengas zusätzlich noch Zitronensaft im Auge. Der Körper wird durch wasserdichte Kleidung geschützt. Passe darauf auf, dass nichts in deinen Kragen hineinlaufen kann.

Verzichte auf Schminke, Cremes und ähnliches, da einige Kampfstoffe sich darin anreichern.

- Was noch gegen dich eingesetzt werden kann, sind Gummigeschosse. Die offizielle Mindestentfernung für deren Einsatz beträgt 20m. Aus nächster Nähe werden Plastik, dicker Stoff und dünnes Sperrholz zerschlagen. Finger, Nasenbeine und Zähne werden gebrochen. Am Körper selber entstehen Blutergüsse und Rissquetschungen. Augen werden weit über 20m irreparabel beschädigt.

Schütze Deine Augen durch eine Schutzbrille, trage Handschuhe und möglichst dicke Kleidung. Renne nicht ziellos umher. Renne auch nicht ziellos weg. Dies könnte eine Massenpanik auslösen. Bleibe in Deckung und bleibe vor allem bei deiner Gruppe. Dies hat nicht nur eine psychologische Wirkung, sondern auch die, dass du dann nicht als einzelnes Ziel herausgepickt wirst. In der Masse bist Du wieder der Gray Man und die Chance angegriffen zu werden, ist niedriger als wenn du als einzelnes Ziel durch die Gegend rennst.

- Solltest du geplant an Ausschreitungen oder Plünderungen teilnehmen, solltest du einige Dinge vorher mit einpacken; einen erste Hilfe-Kasten, etwas Geld, eine Karte der Umgebung (wenn du dich dort nicht auskennst), Stift und Papier, ein Feuerzeug, eine umschließende Schutzbrille, Wasser (zum Spülen von Augen und Haut), eine Wasserprüflasche (wie das, womit du Deine Pflanzen besprühst), eine Atemschutzmaske (aus Lackiererbedarf, FFP3-Maske), Wechselklamotten in komplett anderem Aussehen (wenn nach jemandem in „Grün“ gesucht wird, bist Du nun „blau“ gekleidet) und eine faltbare Tasche (wenn du etwas plündern willst). Was du auf garkeinen Fall mitnehmen solltest sind Dinge wie Personalausweis, dein normales Handy usw. Wenn Du so etwas verlierst, hast du später vielleicht ein Problem. Du solltest Dich bequem kleiden, damit du rennen kannst. Handschuhe sind wichtig, damit du Gasgranaten zurückwerfen kannst (die werden ziemlich heiß). Sinnvoll sind Schutzausrüstung wie ein Tiefschutz, dicke, wasserdichte Kleidung und Knieschoner. Es gibt noch viele andere Arten der Schutzausrüstung, die eingesetzt werden können. Jedoch hängt es von der Situation ab, was du besitzt, was du besorgen kannst, wie viel Zeit dir bleibt. Du kannst viel improvisieren und aus dicken Zeitschriften, Telefonbüchern und Panzertape Arm-, Bein- und Körperschutz herstellen. Dies macht dich jedoch langsam und unbeweglich. Vergiss übrigens das Gerücht man könnte sich aus zwei Lagen Telefonbuch eine „Kugelsichere Weste" bauen. Selbst kleinere Kaliber gehen problemlos durch einige Schichten.

- Wenn du beschließt Molotov Cocktails einzusetzen, solltest du wissen wie man sie richtig herstellt und einsetzt. Du benötigst Benzin, Öl, Seife, einen Tampon und eine Glasflasche. Mische fünf Tassen Benzin mit einer Tasse Motoröl. Dazu kommt die Späne von einem halben Stück Seife. Die Seife sorgt dafür, dass aus dem ganzen Gemisch ein Gel wird. Es klebt an allem und ist kaum zu löschen. Du kippst das Gemisch in eine Glasflasche. Diese darf nicht zu stabil sein. Bierflaschen sind zu stabil und brechen nicht immer beim Aufprall. Weinflaschen sind zu groß. Ideal sind diese 0,3-0,5 Liter Kakao-Flaschen, die es überall zu kaufen gibt. Diese haben eine vernünftige Größe und einen Schraubverschluss. Stopfe nun einen Tampon in die Flaschenöffnung und lasse ihn etwa halb herausschauen. Lass ihn mit etwas Benzin ausdehnen und du hast das fertige Produkt. Beim Anzünden solltest du logischerweise ein Sturmfeuerzeug wählen. Beim Transport sollte auch klar sein, dass die Flaschen nicht aneinander klappern sollten. Wenn beim Rennen eine zu Bruch geht, hast du quasi Napalm in der Tasche!

Nun ist es natürlich nicht jedermanns Sache gegen Unrecht zu demonstrieren, zu kämpfen oder plündernd durch die Gegend zu ziehen. Es gibt jedoch auch passive Wege des Widerstandes. Einer davon ist es die Überwachungseinrichtungen, Zensurmaßnahmen und Informationsfilter eines Staates zu umgehen. Wir sind in unserer Welt inzwischen so gläsern geworden, dass jeder Payback-Praktikant für die meisten Leute den Einkauf zusammenstellen könnte und er würde auch die extra kleinen Kondome nicht vergessen. Und wenn die vernetzte Datensammelwut so weitergeht, brauchen sich einige Mitbürger nicht zu wundern, wenn in 10 Jahren ihre Krankenkasse die Beiträge drastisch erhöht, weil in den letzten Jahren 2537 Schachteln Zigaretten und 445 Kisten Bier auf ihrer „Punktesammelkarte" angesammelt wurden. Die falschen Daten über uns in den falschen Händen können uns in einer unsicheren Zukunft teuer zu stehen kommen. Deswegen gehört es für mich zum Preppen genauso dazu, dass ich die Daten, die ich über mich streue, möglichst kontrolliere. Und merke dir: Das Internet vergisst nicht und wird grundsätzlich von Regierungsbehörden kontrolliert. Unsere Cyberkriminalitätsabwehr wird immer ausgeprägter. Und selbst an Internetverbindungen, die nicht direkt von Bundesbehörden überwacht werden, hat der Staat teilweise Möglichkeiten Druck auf Provider und Web-Publisher auszuüben, sodass diese Protokolle aller Netzwerkaktivitäten führen. Was für den Normalverbraucher in unserer heutigen Gesellschaft nicht weiter problematisch ist, könnte in einer Zukunft, in der Internetbenutzer für die Beschaffung und Verbreitung bestimmter Informationen bestraft wird, anders aussehen. Schon heute werden die Informationen, die wir im Internet abrufen können zensiert und unbequeme Seiten Abgeschaltet. Das passiert nicht nur in Diktaturen, sondern auch in „unserem" Internet. Glaube nicht, dass „unser" Internet frei und unzensiert ist. Es ist in anderem Maße zensiert als zum Beispiel in Nordkorea, China oder Iran aber es ist beschnitten und wird innerhalb einer staatlichen Firewall ständig überwacht. In den meisten AGBs und Datenschutzerklärungen steht auch ausdrücklich, dass legitimen Anforderungen von Behörden nachgekommen wird. Es bringt auch nichts sich in ein Internetcafe zu setzen, da du durch zu viele Kleinigkeiten identifiziert werden könntest. Z.B. Du loggst dich irgendwo ein oder das Cafe wird videoüberwacht.

In einer Welt, in der es irgendwann illegal sein könnte, sich gewisse Informationen anzueignen, ausländische Nachrichten zu lesen usw., gibt es letztendlich nur zwei Möglichkeiten. Erstens: Du ziehst dich zurück in die Steinzeit. Zweitens: Du tust das, was millionen anderer tun, die in Unrechtsstaaten leben. Sie nutzen das „Tor-Netzwerk" (The Onion Router). Dieses nutzt Du mit Hilfe des Tor-Browser-Bundle. Dies ist ein Internetbrowser und einige Hilfsprogramme, die sehr leicht zu bedienen sind und bei richtigem Handling zu 100%er Anonymisierung im Internet führt. Jedoch können auch hier viele einfache Fehler passieren: Du richtest dir über Tor eine anonyme Mail-Adresse ein und loggst dich dann einmal mit einem anderen Browser ein – schon kann man dir die Adresse zuordnen. Wenn es für dich also nicht zu abwegig klingt, dass du in einigen Jahren mal den Tor-Browser nutzen musst, solltest du dich jetzt so langsam anfangen damit zu beschäftigen und den Browser nutzen. Es ist keine Wissenschaft und du musst kein Informatiker sein. Besorge dir zwei, drei gute Bücher zu dem Thema und lies dich ein.

Ein weiterer interessanter Punkt an Tor ist, dass er nicht nur staatliche Firewalls passiert, sondern dass du damit nun Zugang zum Deep Web hast. Dies ist das „eigentliche“ Internet. Das Internet, was nicht zensiert ist und nicht zensiert werden kann. Lass Dich nicht durch die Medien und den medienwirksameren Begriff „Dark Net“ abschrecken. Ja, es tummeln sich im „richtigen“ Internet kranke und gestörte Menschen herum und es gibt Foren zu wirklich ALLEM. Dies zeigt jedoch, wie es um unsere Gesellschaft wirklich steht. Und wenn du in der Zeitung liest, dass jemand Waffen oder Drogen im Internet bekommen hat, dann geschah es mit ziemlicher Sicherheit im Deep Web. Dies soll keine Aufforderung an einen Prepper sein sich nun Schusswaffen im Internet zu besorgen. Jedoch ist dies möglich. Dies ist illegal. Das, was einigen Menschen erlaubt ihre kriminelle Aktivitäten auszuüben ist das Selbe, was anderen Menschen hilft für ihre Menschenrechte zu kämpfen.

13. Zum Schluss

Hier endet nun mein kleines Büchlein. Und ich muss sagen, dass es für die paar Seiten eine Menge Arbeit war. Ich hoffe es war für dich auch nur halb so interessant zu lesen, wie es für mich zu schreiben war. Während der Monate, die ich mit dem Schreiben beschäftigt war, habe ich nebenbei selber einige weitere Bücher zum Thema Prepping und Krisenvorsorge verschlungen. Jedes ist anders. Jedoch tendieren, wie schon gesagt, viel zu viele Autoren (und damit Prepper) in die Richtung Outdoor-Prepping. Mit diesem Buch wollte ich etwas gegensteuern und den Standpunkt klarmachen, dass du nicht weit kommst, wenn du dich in einer plötzlichen Krise mit Rucksack, Schlafsack und Axt in unsere spärlichen Wälder zurückziehst. Genauso wenig wirst du dich langfristig als „Klein-Farmer" selber ernähren können, wenn du vorher nicht schon zum Teil Selbstversorger warst und einige Jahre ernsthafte Erfahrung gesammelt hast. Es reicht nicht sich ein paar Gartenbücher zu kaufen und Samen einzulagern. Ich habe mich schon als Gärtner (nach dem Studium vieler Bücher) versucht und das Ergebnis war sehr ernüchternd. Ich bleibe dabei, dass fast egal welche Krise auch kommt, wir nicht drum herum kommen werden, uns mit vielen anderen arrangieren zu müssen. Wir sind nun mal viele in Mitteleuropa und die vorhandenen Strukturen sind sehr gefestigt. Selbst bei gravierenden Katastrophen wird sich der Mensch mittel- und langfristig als Herdentier durchsetzen.

Letztendlich ist es jedem, der sich auf Krisen vorbereiten möchte selber überlassen, welche Szenarien er als realistisch empfindet und wie weit er sich darauf vorbereiten möchte. Einige werden sich nur einen Fluchtrucksack mit Campingausrüstung hinstellen, andere geben viele tausend Euro für Generatoren, Solar-Anlagen usw. aus, andere Legen einfach nur Geld „für schlechte Zeiten“ zurück. Alles davon ist ok. Ich habe für mich einen Weg gefunden, der mich auf das meiste vorbereitet hat, was kommen könnte. Ich halte es für einen eher pragmatischen, sinnvollen und realistischen Weg der Krisenvorbereitung, der keinen Einfluss auf meinen Alltag hat und bei dem ich mein Leben entspannt weiterleben kann.

Wie gesagt hat es mir sehr viel Spaß gemacht dieses Büchlein zu schreiben. Dabei habe ich jedes Thema immer nur sehr oberflächlich behandelt um einen Überblich über die Thematik zu verschaffen. Der Neuling wird einiges gelernt haben. Jemand, der sich schon eine Weile mit dem Thema auseinandersetzt, wird vielleicht einen „anderen“ Ansatz zum Thema Prepping erfahren haben. Viele Kapitel, die ich vorher schreiben wolle, habe ich weggelassen und viele Kapitel kürzer geschrieben, als ich sie in meinem Redeschwall hätte schreiben wollen. Wenn du also das ein oder andere interessant findest, wie ich die Dinge sehe und vielleicht Fragen hast oder Interesse hast mal ein spezielleres Buch zu einem bestimmten Thema von mir zu lesen, dann kannst du mich liebend gerne anschreiben. Auch wenn du Dinge anders siehst, kannst du mir gerne schreiben. Wenn du gute Argumente hast, bin ich immer bereit zuzuhören und mich zu entwickeln.

Ich danke dir, dass du das Buch gekauft und gelesen hast. Wenn du bis hierhin gekommen bist ohne es vorher zu entsorgen, ist es schon ein riesiges Kompliment für mich. Gib doch bitte bei Amazon eine ehrliche und sachliche Rezension ab. Das ist für alle hilfreich.

Und sollte dir das Buch in irgendeiner Weise mal geholfen haben, würde ich es selbstverständlich auch gerne erfahren!

9323700R00095

Printed in Germany
by Amazon Distribution
GmbH, Leipzig